新时代党员干部的法治思维

（增补版）

胡锦光 著

中国人民大学出版社
·北京·

前言

党的十九大之后,中央成立全面依法治国委员会,至今召开了三次全面依法治国委员会会议。2020年11月召开的中央全面依法治国工作会议是新中国历史上首次就全面依法治国举办的工作会议。会议的召开,意味着党对法治的重视达到新的高度,党对法治的领导进入新的阶段。会议的重要成果是明确提出了习近平法治思想,这是新时代中国特色社会主义法治建设具有里程碑意义的事件。

习近平法治思想内涵丰富、论述深刻、逻辑严密、系统完备,从历史和现实相贯通、国际和国内相关联、理论和实际相结合上深刻回答了新时代为什么实行全面依法治国、怎样实行全面依法治国等一系列重大问题。习近平法治思想是顺应实现中华民族伟大复兴时代要求应运而生的重大理论创新成果，是马克思主义法治理论中国化最新成果，是习近平新时代中国特色社会主义思想的重要组成部分，是全面依法治国的根本遵循和行动指南。习近平法治思想升华了我们党对共产党执政规律、社会主义建设规律、人类社会发展规律的认识，是马克思主义中国化的最新成果，是引领全党全国人民开启新征程的力量之源。全党全国人民必须深入学习、深刻领会习近平法治思想的丰富内涵，切实把习近平法治思想贯彻落实到全面依法治国全过程。

习近平总书记在工作会议上发表了重要讲话，强调推进全面依法治国要全面贯彻落实党的十九大和十九届二中、三中、四中、五中全会精神，从把握新发展阶段、贯彻新发展理念、构建新发展格局的实际出发，围绕建设中国特色社会主义法治体系、建设社会主义法治国家的总目标，坚持党的领导、人民当家作主、依法治国有机统一，以解决法治领域突出问题为着力点，坚定不移走中国特色社会主义法治道路，在法治轨道上推进国家治理体系和治理能力现代化，为全面建设社会主义现代化国家、实现中华民族伟大复兴的中国梦提供有力法治保障。

习近平对当前和今后一个时期推进全面依法治国要重点抓好的工作提出了11个方面的要求：（1）要坚持党对全面依法治国的领导；（2）要坚持以人民为中心；（3）要坚持中国特色社会主义法治道路；（4）要坚持依宪治国、依宪执政；（5）要坚持在法治轨道上推进国家治理体系和治理能力现代化；（6）要坚持建设中国特色社会主义法治体系；（7）要坚持依法治国、依法执政、依法行政共同推进，法治国家、法治政府、法治社会一体建设；（8）要坚持全面推进科学立法、严格执法、公正司法、全民守法；（9）要坚持统筹推进国内法治和涉外法治；（10）要坚持建设德才兼备的高素质法治工作队伍；（11）要坚持抓住领导干部这个"关键少数"。此11个方面的要求，实际上也是习近平法治思想的主要内容。

习近平总书记在工作会议上，三次强调了法治思维和法治方式的重要性：（1）党的领导是推进全面依法治国的根本保证。国际国内环境越是复杂，改革开放和社会主义现代化建设任务越是繁重,越要运用法治思维和法治手段巩固执政地位、改善执政方式、提高执政能力,保证党和国家长治久安。(2)要强化法治思维,运用法治方式,有效应对挑战、防范风险,综合利用立法、执法、司法等手段开展斗争,坚决维护国家主权、尊严和核心利益。(3)要坚持抓住领导干部这个"关键少数"。各级领导干部要坚决贯彻落实党中央关于全面依法治国的重大决策部署,带头尊崇法治、敬畏法律,了解法律、掌握法律,不断提高运用法治思维和法治方式深化改革、推动发展、化解矛盾、维护稳定、应对风险的能力,做尊法学法守法用法的模范。

经过长期努力,中国特色社会主义进入了新时代,这是我国发展的新的历史方位。中国特色社会主义进入新时代,我国社会主要矛盾已经转化为人民日益增长的美好生活需要和不平衡不充分的发展之间的矛盾。人民美好生活需要日益广泛,不仅对物质文化生活提出了更高要求,而且在民主、法治、公平、正义、安全、环境等方面的要求日益增长。同时,发展不平衡不充分的一些突出问题尚未解决,发展质量和效益还不高，创新能力不够强，实体经济水平有待提高，生态环境保护任重道远；民生领域还有不少短板，脱贫攻坚任务艰巨，城乡区域发展和收入分配差距依然较大，群众在就业、教育、医疗、居住、养老等方面面临不少难题；社会文明水平尚需提高；社会矛盾和问题交织叠加，全面依法治国任务依然繁重，国家治理体系和治理能力有待加强。[①]

十九大报告对我国现阶段社会主要矛盾的新判断，是党和国家未来很长一个时期内作出战略部署、制定方针政策、提出发展方向的客观依据。这一判断已经成为所有国家机关、企业事业组织及全体人民的行动指南和共识。

新时代的我国社会必然有着与以往发展阶段不同的社会主要矛盾和社会问题，也呈现出不同的社会特征。党的十八届四中全会决定认为，我们党面对的改革发展稳定任务之重前所未有、矛盾风险挑战之多前所未有。十九大报告也清晰地指出，新时代我国的社会矛盾和问题交织叠加。

---

① 参见习近平总书记在中国共产党第十九次全国代表大会上作的题为《决胜全面建成小康社会　夺取新时代中国特色社会主义伟大胜利》的报告。

对于如何解决和应对中国社会在新时代的主要矛盾、问题，党的十八届三中全会决定提出，必须通过全面深化改革，实现国家治理现代化。国家治理现代化首先是国家治理理念的现代化，即尊重和保障人权；国家治理现代化还必须是国家治理方式的现代化，即实行法治、建设社会主义法治国家，把法治作为治国理政的基本方式。而实行法治的目的就在于尊重和保障人权。因此，两者是完全一致的。国家治理现代化包括国家治理体系和治理能力的现代化。国家治理体系包括国家与个人的关系、国家与社会的关系、国家机关之间的关系、政党与国家机关的关系，这些关系的核心是权力与权力、权力与权利的关系。国家治理体系现代化就是以宪法和法律来处理与解决好这些关系。国家治理能力现代化包括尊重和保障人权的能力、维持各类秩序的能力（在利益多元化的社会，本质上是协调不同利益关系的能力）、提供公共产品和公共服务的能力。

那么，如何才能实现国家治理现代化？党的十八届四中全会决定指出，依法治国，是坚持和发展中国特色社会主义的本质要求和重要保障，是实现国家治理体系和治理能力现代化的必然要求,事关我们党执政兴国,事关人民幸福安康,事关党和国家长治久安。全面建成小康社会、实现中华民族伟大复兴的中国梦,全面深化改革、完善和发展中国特色社会主义制度,提高党的执政能力和执政水平,必须全面推进依法治国。面对新形势新任务,我们党要更好统筹国内国际两个大局,更好维护和运用我国发展的重要战略机遇期,更好统筹社会力量、平衡社会利益、调节社会关系、规范社会行为,使我国社会在深刻变革中既生机勃勃又井然有序,实现经济发展、政治清明、文化昌盛、社会公正、生态良好,实现我国和平发展的战略目标,必须更好发挥法治的引领和规范作用。

如何才能真正实现依法治国、建设社会主义法治国家的目标,实现规则之治和良法之治?党的十八届四中全会决定指出,坚持依法治国首先要坚持依宪治国,坚持依法执政首先要坚持依宪执政。习近平总书记也指出,依法治国,首先是依宪治国;依法执政,首先是依宪执政。所谓依宪治国,就是全面实施宪法。制宪的目的在于行宪。宪法的生命在于实施,宪法的权威也在于实施。可见,宪法在社会主义法治国家建设中居于核心的地位和作用。第一，必须形成以宪法为核心的具有中国特色的社会主义法律体系。第二，坚持宪法至上，运用宪法思维推进改革和发展。第三，宪法的核心价值是人权保障，宪法的基本功能是控制公权力，宪法是不同政治力量对比关系的集中表现，宪法是人性之法，所有的国家治理规则都必须符合宪法的这些精神、原则、理念和规范内涵，保证良法之治的实现。可以说，没有依宪治国就没有依法治国。

如何才能确保宪法的全面有效实施？必须建立监督宪法实施的制度。这一制度就是合宪性审查。党的十九大报告指出，加强宪法实施和监督，推进合宪性审查工作，维护宪法权威。如何推进合宪性审查工作，是我国国家治理现代化中必须解决的一个重大课题。

党的十八大以来的几次中央全会通过了若干个决定，特别是党的十九大报告，实际上形成了新时代国家治理的逻辑。其基本逻辑是：新时代我国社会主要矛盾和基本特征，决定了必须通过实现国家治理现代化来解决和适应；要实现国家治理现代化就必须全面依法治国；依法治国的关键是依宪治国；依宪治国就必须全面有效地实施宪法；要保证宪法全面有效地获得实施，就必须建立具有实效性的合宪性审查机制。

国家治理现代化、全面依法治国、依宪治国和依宪执政、推进合宪性审查工作，归根结底，实质上就是党员干部必须运用法治思维和法治方式行使权力、处理问题。

十九大报告指出，增强政治领导本领，坚持战略思维、创新思维、辩证思维、法治思维、底线思维，科学制定和坚决执行党的路线方针政策，把党总揽全局、协调各方落到实处。十九大报告虽然只有一处明确提到"法治思维"，但对法治思维的具体内涵，提出了非常丰富的、明确的要求。

（1）人民美好生活需要日益广泛，不仅对物质文化生活提出了更高要求，而且在民主、法治、公平、正义、安全、环境等方面的要求日益增长。

（2）新时代的社会矛盾和问题交织叠加，全面依法治国任务依然繁重，国家治理体系和治理能力有待加强。

（3）维护国家法制统一、尊严、权威，加强人权法治保障，保证人民依法享有广泛权利和自由。

（4）全面依法治国是中国特色社会主义的本质要

求和重要保障，必须把党的领导贯彻落实到依法治国全过程和各方面，坚定不移走中国特色社会主义法治道路。

（5）完善以宪法为核心的中国特色社会主义法律体系，建设中国特色社会主义法治体系，建设社会主义法治国家，发展中国特色社会主义法治理论。

（6）坚持依法治国、依法执政、依法行政共同推进，坚持法治国家、法治政府、法治社会一体建设。

（7）坚持依法治国和以德治国相结合，依法治国和依规治党有机统一，深化司法体制改革，提高全民族法治素养和道德素质。

（8）坚持党的领导、人民当家作主、依法治国有机统一。党的领导是人民当家作主和依法治国的根本保证，人民当家作主是社会主义民主政治的本质特征，依法治国是党领导人民治理国家的基本方式，三者统一于我国社会主义民主政治伟大实践。

（9）成立中央全面依法治国领导小组，加强对法治中国建设的统一领导。

（10）加强宪法实施和监督，推进合宪性审查工作，维护宪法权威。

（11）推进科学立法、民主立法、依法立法，以良法促进发展、保障善治。

（12）建设法治政府，推进依法行政，严格规范公正文明执法。

（13）深化司法体制综合配套改革，全面落实司法责任制，努力让人民群众在每一个司法案件中感受到公平正义。

（14）加大全民普法力度，建设社会主义法治文化。

（15）树立宪法法律至上、法律面前人人平等的法治理念。

（16）各级党组织和全体党员要带头尊法学法守法用法，任何组织和个人都不得有超越宪法法律的特权，绝不允许以言代法、以权压法、逐利违法、徇私枉法。

十九届二中全会审议通过了《中共中央关于修改宪法部分内容的建议》，专门召开一次全会讨论宪法修正案草案，这在党的历史上尚属首次。全会强调，宪法的生命在于实施，宪法的权威也在于实施。维护宪法权威，就是维护党和人民共同意志的权威；捍卫宪法尊严，就是捍卫党和人民共同意志的尊严；保证宪法实施，就是保证人民根本利益的实现。要以这次宪法修改为契机，深入推进科学立法、严格执法、公正司法、全民守法，坚持有法可依、有法必依、执法必严、违法必究，把依法治国、依宪治国工作提高到一个新水平。要在全党全社会深入开展尊崇宪法、学习宪法、遵守宪法、维护宪法、运用宪法的宣传教育活动，大力弘扬宪法精神，大力弘扬社会主义法治精神，不断增强人民群众宪法意识。要加强对宪法法律实施情况的监督检查，坚决纠正违宪违法行为。各级国家工作人员特别是领导干部要增强宪法观念，依照宪法法律行使职权、履行职责、开展工作，恪尽职守、廉洁奉公，自觉接受人民监督，通过自己的努力为宪法法律实施作出贡献，绝不允许以言代法、以权压法、逐利违法、徇私枉法。全国各族人民、一切国家机关和武装力量、各政党和各社会团体、各企业事业组织，都必须以宪法为根本的活动准则，都负有维护宪法尊严、保证宪法实施的职责，任何组织和个人都不得有超越宪法法律的特权，一切违反宪法法律的行为都必须予以追究。

　　此次全会还讨论了国家监察体制改革问题，认为国家监察体制改革是事关全局的重大政治体制改革，是强化党和国家自我监督的重大决策部署，要依法建立党统一领导的反腐败工作机构，构建集中统一、权威高效的国家监察体系，实现对所有行使公权力的公职人员监察全覆盖。

十九届三中全会通过了《深化党和国家机构改革方案》。全会提出：（1）完善坚持党的全面领导的制度，加强党对各领域各方面工作领导，确保党的领导全覆盖，确保党的领导更加坚强有力。要建立健全党对重大工作的领导体制机制，强化党的组织在同级组织中的领导地位，更好发挥党的职能部门作用，统筹设置党政机构，推进党的纪律检查体制和国家监察体制改革。（2）坚决破除制约使市场在资源配置中起决定性作用、更好发挥政府作用的体制机制弊端，围绕推动高质量发展，建设现代化经济体系，调整优化政府机构职能，合理配置宏观管理部门职能，深入推进简政放权，完善市场监管和执法体制，改革自然资源和生态环境管理体制，完善公共服务管理体制，强化事中事后监管，提高行政效率，全面提高政府效能，建设人民满意的服务型政府。（3）统筹设置相关机构和配置相近职能，理顺和优化党的部门、国家机关、群团组织、事业单位的职责，完善党政机构布局，深化人大、政协和司法机构改革，深化群团组织改革，推进社会组织改革，加快推进事业单位改革，深化跨军地改革，增强党的领导力，提高政府执行力，激发群团组织和社会组织活力，增强人民军队战斗力，使各类机构有机衔接、相互协调。（4）机构编制法定化是深化党和国家机构改革的重要保障。要完善党和国家机构法规制度，依法管理各类组织机构，加快推进机构、职能、权限、程序、责任法定化，全面推行政府部门权责清单制度，规范和约束履职行为，让权力在阳光下运行，强化机构编制管理刚性约束，加大机构编制违纪违法行为查处力度。（5）依法依规保障改革，增强改革的系统性、整体性、协同性，加强党政军群各方面机构改革配合，使各项改革相互促进、相得益彰，形成总体效应。

十九届四中全会决定要求，各级党和国家机关以及领导干部要带头尊法学法守法用法，提高运用法治思维和法治方式深化改革、推动发展、化解矛盾、维护稳定、应对风险的能力。该决定虽然只有一处提到对党员干部运用法治思维和法治方式的要求，而实际上整个决定都是按照法治思维和法治方式这一指导思想来推进国家治理体系和治理能力现代化的。其基本逻辑是：推进国家治理现代化必须重视制度作用，坚持和完善中国特色社会主义制度，制度分为根本制度、基本制度、重要制度和其他制度，而制度的载体主要是宪法和法律，因此，必须树立宪法法律至上的法治理念，形成以宪法为核心的中国特色社会主义体系，严格依法办事。该决定要求坚持和完善以下制度体系。

（1）坚持和完善党的领导制度体系，提高党科学执政、民主执政、依法执政水平。

（2）坚持和完善人民当家作主制度体系，发展社会主义民主政治。

（3）坚持和完善中国特色社会主义法治体系，提高党依法治国、依法执政能力。

（4）坚持和完善中国特色社会主义行政体制，构建职责明确、依法行政的政府治理体系。

（5）坚持和完善社会主义基本经济制度，推动经济高质量发展。

（6）坚持和完善繁荣发展社会主义先进文化的制

度，巩固全体人民团结奋斗的共同思想基础。

（7）坚持和完善统筹城乡的民生保障制度，满足人民日益增长的美好生活需要。

（8）坚持和完善共建共治共享的社会治理制度，保持社会稳定、维护国家安全。

（9）坚持和完善生态文明制度体系，促进人与自然和谐共生。

（10）坚持和完善党对人民军队的绝对领导制度，确保人民军队忠实履行新时代使命任务。

（11）坚持和完善"一国两制"制度体系，推进祖国和平统一。

（12）坚持和完善独立自主的和平外交政策，推动构建人类命运共同体。

（13）坚持和完善党和国家监督体系，强化对权力运行的制约和监督。

（14）加强党对坚持和完善中国特色社会主义制度、推进国家治理体系和治理能力现代化的领导。

十九届四中全会决定最后要求，制度的生命力在于执行。各级党委和政府以及各级领导干部要切实强化制度意识，带头维护制度权威，做制度执行的表率，带动全党全社会自觉尊崇制度、严格执行制度、坚决维护制度。健全权威高效的制度执行机制，加强对制度执行的监督，坚决杜绝做选择、搞变通、打折扣的现象。

十九届五中全会提出到2035年基本实现社会主义现代化远景目标，这就是：我国经济实力、科技实力、综合国力将大幅跃升，经济总量和城乡居民人均收入将再迈上新的大台阶，关键核心技术实现重大突破，进入创新型国家前列；基本实现新型工业化、信息化、城镇化、农业现代化，建成现代化经济体系；基本实现国家治理体系和治理能力现代化，人民平等参与、平等发展权利得到充分保障，基本建成法治国家、法治政府、法治社会；建成文化强国、教育强国、人才强国、体育强国、健康中国，国民素质和社会文明程度达到新高度，国家文化软实力显著增强；广泛形成绿色生产生活方式，碳排放达峰后稳中有降，生态环境根本好转，美丽中国建设目标基本实现；形成对外开放新格局，参与国际经济合作和竞争新优势明显增强；人均国内生产总值达到中等发达国家水平，中等收入群体显著扩大，基本公共服务实现均等化，城乡区域发展差距和居民生活水平差距显著缩小；平安中国建设达到更高水平，基本实现国防和军队现代化；人民生活更加美好，人的全面发展、全体人民共同富裕取得更为明显的实质性进展。

目录

第一讲 导论 ················· 001
 一、新时代为什么要突出强调党员干部的法治思维？ ················· 007
 二、法治思维与法制思维 ················· 039
 三、法治思维与人治思维 ················· 044
 四、依法治国与以德治国 ················· 047

第二讲 人权思维 ················· 055
 一、人权入宪及其意义 ················· 057
 二、人权思维的基本要求 ················· 062

第三讲　宪法和法律至上思维 ………… 081
一、统一权威的规则体系是国家治理现代化的
　　首要要求 ……………………………… 085
二、宪法至上：宪法实施 ………………… 093
三、宪法至上：合宪性审查 ……………… 141
四、宪法至上：健全宪法解释程序机制 … 178
五、法律至上：合法性审查 ……………… 182
六、法律至上：审判独立 ………………… 189

第四讲　有限政府思维 ……………………… 197
一、政府权力的法律边界 ………………… 202
二、以行为是否具有社会危害性为标准 … 209
三、政府只处理社会公共事务 …………… 210
四、政府是处理社会公共事务的最后选择 … 214

第五讲　控权思维 …………………………… 219
一、法治对国家权力的基本功能 ………… 221
二、为什么需要制度控权？ ……………… 242
三、制度是如何控权的？ ………………… 254

第六讲　正当程序思维 ……………………… 265
一、正当程序的价值 ……………………… 269
二、正当程序的基本原则 ………………… 281

三、正当程序的基本制度 …………………… 286
第七讲　平等思维 ……………………………… 303
　　一、平等与社会公平正义 …………………… 305
　　二、平等与平等权 …………………………… 308
　　三、平等与差别对待 ………………………… 319

第一讲 导论

习近平总书记指出，我们提出全面推进依法治国，坚定不移厉行法治，一个重要意图就是为子孙万代计、为长远发展谋。全面依法治国具有基础性、保障性作用，在统筹推进伟大斗争、伟大工程、伟大事业、伟大梦想，全面建设社会主义现代化国家的新征程上，要加强党对全面依法治国的集中统一领导，坚持以全面依法治国新理念新思想新战略为指导，坚定不移走中国特色社会主义法治道路，更好发挥法治固根本、稳预期、利长远的保障作用。"固根本、稳预期、利长远"，这是习总书记关于法治作用的最精辟的概括和总结。

党的十八大报告提出，提高领导干部运用法治思维和法治方式深化改革、推动发展、化解矛盾、维护稳定能力。这是党中央第一次明确提出领导干部要运用法治思维和法治方式处理问题的要求。此后，党的十八届三中全会决定提出,要坚持依法治理,加强法治保障,运用法治思维和法治方式化解社会矛盾;党的十八届四中全会决定提出,要提高党员干部法治思维和依法办事能力;党的十八届五中全会决定提出,要运用法治思维和法治方式推动发展,全面提高党依据宪法法律治国理政、依据党内法规管党治党的能力和水平。其中,党的十八届四中全会决定的基本内容是全面推进依法治国。全面推进依法治国的总目标是建设中国特色社会主义法治体系,建设社会主义法治国家,而法治国家的基本标志就是运用法治思维和法治方式处理问题。党的十八届四中全会决定指出,必须清醒看到,同党和国家事业发展要求相比,同人民群众期待相比,同推进国家治理体系和治理能力现代化目标相比,法治建设还存在许多不适应、不符合的问题,主要表现为:有的法律法规未能全面反映客观规律和人民意愿,针对性、可操作性不强,立法工作中部门化倾向、争权诿责现象较为突出;有法不依、执法不严、违法不究现象比较严重,执法体制权责脱节、多头执法、选择性执法现象仍然存在,执法司法不规范、不严格、不透明、不文明现象较为突出,群众对执法司法不公和腐败问题反映强烈;部分社会成员尊法信法守法用法、依法维权意识不强,一些国家工作人员特别是领导干部依法办事观念不强、能力不足,知法犯法、以言代法、以权压法、徇私枉法现象依然存在。这些问题，违背社会主义法治原则，损害人民群众利益，妨碍党和国家事业发展，必须下大气力加以解决。

2014年2月，习近平总书记在中央全面深化改革领导小组第二次会议上强调，凡属重大改革都要于法有据。在整个改革过程中，都要高度重视运用法治思维和法治方式，发挥法治的引领和推动作用，加强对相关立法工作的协调，确保在法治轨道上推进改革。

2015年2月，习近平总书记在中央党校举办的省部级依法治国专题研讨班上发表的重要讲话中要求，广大领导干部谋划工作要运用法治思维，处理问题要运用法治方式，说话做事要先考虑一下是不是合法。领导干部要牢记法律红线不可逾越、法律底线不可触碰，带头遵守法律、执行法律，带头营造办事依法、遇事找法、解决问题用法、化解矛盾靠法的法治环境。

按照习近平总书记的判断，我国能否全面依法治国，问题在于"关键少数"。而"关键少数"即是广大领导干部。针对一些领导干部法治意识比较淡薄的现象，习近平总书记在讲话中对广大领导干部提出了明确要求：领导干部要做尊法的模范；领导干部要牢固树立基本法治观念；学法懂法是守法用法的前提；党纪国法不能成为"橡皮泥"

"稻草人";法治素养是干部德才的重要内容;党的领导必须依靠社会主义法治;不能把党的领导作为个人以言代法、以权压法、徇私枉法的挡箭牌。

关于法治思维和法治方式,习近平总书记在讲话中画龙点睛地指出,领导干部要把对法治的尊崇、对法律的敬畏转化成思维方式和行为方式,做到在法治之下、而不是法治之外、更不是法治之上想问题、作决策、办事情。

习近平总书记要求,法治素养是干部德才的重要内容。要把能不能遵守法律、依法办事作为考察干部重要内容。要抓紧对领导干部推进法治建设实绩的考核制度进行设计,对考核结果运用作出规定。领导干部要做尊法学法守法用法的模范。

习近平总书记强调,推进国家治理体系和治理能力现代化,要更加注重治理能力建设,增强按制度办事、依法办事意识,善于运用制度和法律治理国家,把各方面制度优势转化为管理国家的效能,提高党科学执政、民主执政、依法执政水平。

习近平总书记指出,经过长期努力,中国特色社会主义法律体系已经形成,总体上解决了有法可依问题。现在,我们的工作重点应该是保证法律实施,做到有法必依、执法必严、违法必究。有了法律不能有效实施,那再多法律也是一纸空文，依法治国就会成为一句空话。

2015年12月，中共中央、国务院在印发的《法治政府建设实施纲要（2015—2020年）》中提出，全面提高政府工作人员法治思维和依法行政能力。目标是政府工作人员特别是领导干部牢固树立宪法法律至上、法律面前人人平等、权由法定、权依法使等基本法治理念，恪守合法行政、合理行政、程序正当、高效便民、诚实守信、权责统一等依法行政基本要求，做尊法学法守法用法的模范，法治思维和依法行政能力明显提高，在法治轨道上全面推进政府各项工作。

党的十九届四中全会决定再次强调，要坚持和完善中国特色社会主义法治体系，提高党依法治国、依法执政能力。各级党和国家机关以及领导干部要带头尊法学法守法用法，提高运用法治思维和法治方式深化改革、推动发展、化解矛盾、维护稳定、应对风险的能力。

法治思维的基本内涵和基本要求主要是人权思维、宪法和法律至上思维、有限政府思维、控权思维、正当程序思维和平等思维。换言之，法治思维就是这些具体思维的综合。

一、新时代为什么要突出强调党员干部的法治思维？

党中央自党的十八大以来，一直明确地、反复地要求广大党员干部要运用法治思维和法治方式处理问题,其根本原因在于,我国社会经过改革开放四十多年的发展,发生了翻天覆地的变化,中国特色社会主义进入了新时代。新时代的我国社会面临新的社会主要矛盾、新形势、新问题和新特征。在我国社会的新时代,只有运用法治思维和法治方式,才能积极地协调各种利益关系,有效地解决社会的主要矛盾,使国家治理和社会治理的思维和方式适应社会的基本特征。

(一)依法治国本质上即是运用法治思维处理问题

党的十八届四中全会决定的主题是全面推进依法治国,把法治作为治国理政的基本方式,而依法治国的要义就是运用法治思维和法治方式处理国家事务和社会事务。该决定从四个方面论证了法治思维和法治方式在新时代的必要性。

一是实现国家治理现代化的要求。依法治国,是坚持和发展中国特色社会主义的本质要求和重要保障,是实现国家治理体系和治理能力现代化的必然要求,事关我们党执政兴国,事关人民幸福安康,事关党和国家长治久安。

二是提高党的执政能力和执政水平的要求。全面建成小康社会、实现中华民族伟大复兴的中国梦,全面深化改革、完善和发展中国特色社会主义制度,提高党的执政能力和执政水平，必须全面推进依法治国。

三是关系到党和国家工作的全局。我国正处于社会主义初级阶段，改革进入攻坚期和深水区，国际形势复杂多变，我们党面对的改革发展稳定任务之重前所未有、矛盾风险挑战之多前所未有，依法治国在党和国家工作全局中的地位更加突出、作用更加重大。

四是关系到五大建设。面对新形势新任务，我们党要更好统筹国内国际两个大局，更好维护和运用我国发展的重要战略机遇期，更好统筹社会力量、平衡社会利益、调节社会关系、规范社会行为，使我国社会在深刻变革中既生机勃勃又井然有序，实现经济发展、政治清明、文化昌盛、社会公正、生态良好，实现我国和平发展的战略目标，必须更好发挥法治的引领和规范作用。

十八届四中全会决定从宏观上、总体上论证了在新时代运用法治思维和法治方式处理问题、解决矛盾纠纷的必要性。笔者认为，这一论证非常全面、非常到位，具有非常高的政治站位，对于提高党员干部运用法治思维和法治方式处理问题的认识具有重大教育意义。

(二) 新时代面临的基本问题与法治思维

改革开放政策使我国社会取得了令世人瞩目的伟大成就、进步、发展和变化。对于取得的伟大成就，党的十九大报告作出了精辟而全面的概括和总结：(1)经济建设取得重大成就；(2)全面深化改革取得重大突破；(3)民主法治建设迈出重大步伐；(4)思想文化建设取得重大进展；(5)人民生活不断改善；(6)生态文明建设成效显著；(7)强军兴军开创新局面；(8)港澳台工作取得新进展；(9)全方位外交布局深入展开；(10)全面从严治党成效卓著。总之，在原有的基础上，我国的人权状况获得了极大改善，民众的物质生活水平和精神文化生活水平获得了极大提高，城市和农村的基础设施建设获得了极大改善，民众的自由和权利空间扩大，国家的经济实力大大增强，GDP已经稳居世界第二，我国的国际地位获得极大提升，我国的国际话语权明显提高。可以说，改革开放政策的实行，彻底改变了改革开放政策实行之初我国社会的主要矛盾，即人民日益增长的物质文化需要同落后的社会生产之间的矛盾。所有这一切都是不争的事实。

但同时，也必须看到，我国社会在发展过程中，因为种种原因，积累了诸多问题。正如十九大报告所指出的，我们的工作还存在许多不足，也面临不少困难和挑战。主要是：发展不平衡不充分的一些突出问题尚未解决，发展质量和效益还不高，创新能力不够强，实体经济水平有待提高，生态环境保护任重道远；民生领域还有不少短板，脱贫攻坚任务艰巨,城乡区域发展和收入分配差距依然较大,群众在就业、教育、医疗、居住、养老等方面面临不少难题;社会文明水平尚需提高;社会矛盾和问题交织叠加,全面依法治国任务依然繁重,国家治理体系和治理能力有待加强;意识形态领域斗争依然复杂,国家安全面临新情况;一些改革部署和重大政策措施需要进一步落实;党的建设方面还存在不少薄弱环节。这些问题,必须着力加以解决。

事实上,在我们每个人的眼里,中国既有伟大成就的一面,也有问题很多的一面。这两个方面是并存的,是客观存在的,对两者必须客观面对和客观认识。只看到问题而不看到伟大成就,是不客观的;只看到伟大成就而不看到问题,也是不全面的。

作为党员干部,当然必须看到伟大成就,以增强自信。同时,更为重要的是,党员干部的主要任务是直面问题、解决问题,而不能只沉浸在伟大成就之中,只有客观地面对我国社会存在的问题,并找到形成这些问题的原因,施以妥善的对策,才能保证我国社会平稳、健康、可持续地发展,才能实现中华民族伟大复兴,才能实现党的十八届三中全会决定所确定的促进社会公平正义和增进人民福祉这两大国家治理现代化目标。

笔者认为，新时代的我国社会存在的问题主要是：

1. 需强化对公权力滥用的防范和监督

笔者认为，我国改革开放政策的成功、经济社会的发展奇迹依靠的重要机制是强势政府和较为集中的权力。政府保持了超强的组织能力、动员能力和执行能力，控制着绝大部分社会资源，在政府组织经济建设、规划重大项目上，特别是基础设施投资领域，显示出了巨大的威力和能量。同时，政府的决策机制集中、决策程序简单，保持了政府超高的效率。但在强势政府和较为集中的权力背景下，又不得不面临以下问题：政府滥用权力问题怎么办？政府官员贪腐怎么办？政府机构膨胀怎么办？中国官员数量与民众之比达到历史之最怎么办？

公权力滥用是我国社会最主要的问题。公权力滥用的主要表现是以权谋私、劳民伤财。就以权谋私而论，从党的十八大以来查处的领导干部贪污腐败的情况看，在数额上，动辄贪污受贿千万、过亿，甚至几十亿、上百亿；在级别上，从科级到正国级无所不有；在范围上，涉及公权力的诸多领域。就劳民伤财而论，好大喜功、形象工程、决策失误、形式主义、公款接待等，其损失浪费之巨，难以计数。

近些年来，尤其是自党的十八大以来，党中央采用霹霹手段、形成高压态势进行反腐败,特别是经过在北京市、山西省和浙江省先进行国家监察体制改革试点,并在全国范围内进行改革试点后,通过2018年全国人大修宪、制定《监察法》,从中央到地方设立统一、高效、权威的监察委员会对党员干部的腐败行为进行有效查处、严厉打击,这从侧面说明了公权力滥用问题在我国的严峻性。

之所以说公权力滥用是我国社会的主要问题,原因在于:

其一,公权力滥用对公权力自身的公信力打击可以说是沉重的。自1949年中华人民共和国成立以来,在很长时间里,公权力的公信力可以说是超强的,民众无比信任政府、无比信赖政府,发自内心地认为政府所做的一切都是为了民众好,即使政府的行为损害了民众的利益,民众仍然认为政府的出发点是好的。在这一社会背景下,政府的意图只需要通过发号召、发社论就可以实现,民众自觉地、满怀热情地积极贯彻落实。不得不客观地承认,近些年来政府的公信力明显下降,这当然是公权力滥用的结果。政府的公信力下降的结果必然是政策执行难度加大,进而导致执政成本的上升。

其二,我国社会存在的其他问题与公权力滥用有着很大的关系。(1)按照党的十八大报告的要求,自由、平等、公正、法治是我国社会的核心价值观。客观地说，有时公权力被滥用，侵犯了自由、平等、公正、法治。(2)按照党的十八届三中全会、十九届四中全会决定的要求，国家治理现代化的出发点和落脚点是促进社会公平正义、增进人民福祉，社会主义制度的本质也在于社会公平正义。而权权交易、权钱交易，导致这一社会主义制度的最大优越性在我国未能充分实现。(3)必须承认，当前我国社会诚信体系缺乏，这与腐败官员言而无信有着一定关系。(4)我国社会的贫富差距之所以如此之大，与某些富人在取得财富时公权力滥用、在财富的二次分配上公权力作为不够有很大关系。(5)在市场经济体制下，政府、社会、个人三者分离，三者之间必须有清晰的界限，该界限的主要功能是限制政府的权力。实际上，三者之间的界限并不清晰，同时该界限的功能并没有充分发挥出来。(6)我国社会的发展，尤其是经济的持续发展，必须依靠社会创新，而实际上我国社会的创新能力不足。其原因某种意义在于公权力的过度管束。

公权力滥用的原因是什么呢？习近平总书记一针见血地指出，要把权力关进制度的笼子里。这一判断揭示了我国公权力滥用的基本原因，即宪法和法律没有足够的权威，还没有能够把公权力真正关进制度的笼子里，权大于法的现象仍然存在。可见，中国社会的根本问题在于，宪法和法律缺乏应有的权威。党中央自十八大以后，反复强调要坚持宪法法律至上，并要求领导干部必须按照法治思维和法治方式处理问题，即是要解决中国社会存在的这一根本问题。

2. 需培育和弘扬社会核心价值观

习近平总书记说，一个国家的文化软实力，从根本上说，取决于其核心价值观的生命力、凝聚力、感召力。培育和弘扬核心价值观，有效整合社会意识，是社会系统得以正常运转、社会秩序得以有效维护的重要途径，也是国家治理体系和治理能力的重要方面。历史和现实都表明，构建具有强大感召力的核心价值观，关系社会和谐稳定，关系国家长治久安。

党的十九大报告特别指出，坚持社会主义核心价值体系。文化自信是一个国家、一个民族发展中更基本、更深沉、更持久的力量。必须坚持马克思主义，牢固树立共产主义远大理想和中国特色社会主义共同理想，培育和践行社会主义核心价值观，不断增强意识形态领域主导权和话语权，推动中华优秀传统文化创造性转化、创新性发展，继承革命文化，发展社会主义先进文化，不忘本来、吸收外来、面向未来，更好构筑中国精神、中国价值、中国力量，为人民提供精神指引。

2018年《宪法修正案》第39条在社会主义公德之前，增加规定："国家倡导社会主义核心价值观"。

党的十八大报告中明确提出了社会主义核心价值观，即富强、民主、文明、和谐，自由、平等、公正、法治，爱国、敬业、诚信、友善。这24个字的社会主义核心价值观可以分为三组，即富强、民主、文明、和谐为国家的核心价值观，自由、平等、公正、法治为社会的核心价值观，爱国、敬业、诚信、友善为个人的核心价值观。三组价值观之间既存在独立的价值，又存在密切的联系。其中的社会层面的核心价值观即自由、平等、公正、法治为社会主义核心价值观的最重要、最核心的部分。

核心价值观并不等同于主流价值观。主流价值观是与非主流价值观相对应的概念。社会共同体中多数人或者强势群体具有的价值观为主流价值观，反之，为非主流价值观。核心价值观是与个人价值观相对应的概念。任何一个人总是在两种意义上存在的，一是作为个体意义上的人，二是作为社会意义上的人。任何人都必须或者只能在一个特定的社会中生活。而社会总是由不同利益、不同职业、不同阶层、不同地域、不同民族、不同种族、不同性别、不同教育程度、不同家庭背景等差异的个人组成的。因此，每个人都有权拥有自己的价值观。但社会作为其成员生活、生存、发展的共同体，必须具有全体社会成员所共同认知的价值标准即社会共识，即社会成员无论存在多大的差异、什么差异，在某些价值观上都必须是一致的、共同的，存在价值观上的"最大公约数"，这样的社会才具有凝聚力，社会秩序才能够得以良好维持。反之，社会就可能陷入一盘散沙之中。价值观上的"最大公约数"就是社会共识、社会的核心价值观。所谓核心价值观，就是社会共同体成员的个人价值观中重合的部分。按照十八大报告的要求，自由、平等、公正、法治就是我国社会的核心价值观。因此，每一个社会成员必须将其内化于心、外化于行。

必须承认，自由、平等、公正、法治在我国社会的现阶段并没有完全真正成为社会的核心价值观，成为全体社会成员的共识。而事实上拜金主义作为一种社会价值观盛行。对此，习总书记不无担心地指出，真正的危机，不是金融危机，而是道德与信仰的危机。

社会主义核心价值观的层次结构是：观念→制度→秩序→生活。社会主义核心价值观是社会共同体成员对于生活追求的一种观念；以宪法和法律为载体，将这种观念转化为制度；通过制度的实施形成一种客观秩序；由秩序保障人们在一个特定的社会中生活。在本质上，社会主义核心价值观是一种生活，这种生活必须通过宪法和法律的实施而实现。社会主义核心价值观社会层面的内容就是由宪法和法律确认和保障的自由、平等、公正、法治的社会生活。换言之，社会主义核心价值观首先由宪法予以确认，再由法律在特定领域中具体化，宪法和法律的实施就是捍卫、弘扬、保障社会主义核心价值观。

宪法的实施尤其是合宪性审查的过程、法律的实施特别是追究法律责任的过程，就是一次次弘扬和捍卫社会主义核心价值观的过程。在法治社会，社会主义核心价值观即社会共识，本质上就是宪法共识和法律共识。在宪法和法律未能形成至上权威和尊严并得到有效实施的情况下，也就难以形成社会共识。2018年，中共中央印发了《社会主义核心价值观融入法治建设立法修法规划》。该规划强调，要以习近平新时代中国特色社会主义思想为指导，坚持全面依法治国，坚持社会主义核心价值体系，着力把社会主义核心价值观融入法律法规的立改废释全过程，确保各项立法导向更加鲜明、要求更加明确、措施更加有力，力争经过5到10年时间，推动社会主义核心价值观全面融入中国特色社会主义法律体系，筑牢全国各族人民团结奋斗的共同思想道德基础，为决胜全面建成小康社会、夺取新时代中国特色社会主义伟大胜利、实现中华民族伟大复兴的中国梦、实现人民对美好生活的向往,提供坚实制度保障。

把社会主义核心价值观融入立法体制,从源头上确保鲜明的价值导向。特别重要的是,要全面推进以司法责任制为核心的司法体制改革,完善司法管理体制和司法权力运行机制,努力让人民群众在每一个司法案件中感受到公平正义。弘扬、捍卫社会主义核心价值观不仅仅是宣传部门和文化部门的工作,每一名党员干部每一次依法办事都是在凝聚社会主义核心价值观,而每一次违宪、违法都是在践踏社会主义核心价值观。

3. 社会公平正义理念未能获得充分实现

社会主义制度的最大优越性、社会主义制度的正当性、社会主义制度战胜资本主义制度的最强大武器即是社会公平正义。社会主义制度就是保障绝大多数人的利益,使得绝大多数人能够真正在国家中当家作主。社会公平正义是社会主义制度的本质要求。因此,党的十八届三中全会决定提出,国家治理体系和国家治理能力现代化实现的基本标志是实现社会公平正义。

不容否认,社会是由不同阶层构成的。毫无疑问,任何人都无法决定和选择自己的出生家庭,每个人与生俱来地存在着差异。但因为有社会公平正义,特别是其中的机会公平，人们通过后天的努力、勤奋，可以到达与自己的天资、努力、勤奋相适应的社会阶层。换言之，不同社会阶层之间是存在通道的，不同社会阶层之间的人是有流动性的，在机会面前，每个人都可以进行平等竞争。这样的社会才充满活力，才能使人积极向上。面对差异化的结果，人们才能够心平气和地坦然接受。如果无须通过自己的努力，就能够天然地因为自己的出身背景、权势、控制的资源等因素，而处于社会上比较高的阶层，社会下层无论多么努力也无法进入更高的社会阶层，那么，社会下层中的优秀分子必然对社会充满不满和愤恨。

但在我国当下，不同领域中存在不公平的制度，致使社会阶层之间的流动通道基本上被堵死，形成社会阶层固化的格局。"富二代""贫二代""官二代"等称谓即反映了这一社会现实。下一个社会阶层的优秀分子无法进入上一个社会阶层，这对于社会的进步，对于社会的稳定都是极其不利的。而从一定程度上讲，造成这一局面的基本原因是权权交易、权钱交易等特权因素的存在。

要解决因权权交易、权钱交易而破坏社会公平正义的问题，就必须以制度限制公权力滥用，以制度保证社会公平正义，特别是机会公平。

4. 社会诚信体系急需加大力度建设

中国自古以来即奉行以诚信为本，中华民族历来是最讲诚信的民族，古训一直告诫我们"人无信而不立"，诚信是道德的最低要求。而在今天，个人之间、企业之间、个人与政府之间却没有形成应有的诚信，法院的绝大多数判决得不到当事人的自觉履行而需要强制执行，"执行难"一直是损害司法权威的"顽疾"即是明证。因为诚信体系的缺乏，商业交易成本大幅增加，有人甚至提出导致我国经济滑坡的主要原因是社会诚信体系缺乏的观点。之所以如此，笔者认为，主要原因有两个。

一是没有做到像习近平总书记所说的那样，政府答应的事情必须兑现。2017年6月，习近平总书记到山西考察调研时指出，让贫困人口和贫困地区同全国人民一道迈入全面小康社会，是我们党的庄严承诺，不管任务多么艰巨、还有多少硬骨头要啃，这个承诺都要兑现。但是，一些地方政府不讲诚信的主要表现是：政府在所承诺的一些事情上未能够及时兑现、完全兑现；政府的政策缺乏确定性和连续性，政策多变、政策反复、政策不一；政府的决策缺乏长远考虑，表现为短期行为多；政府的决策没有兼顾和平衡不同利益，社会可接受性差，导致最终难以执行；在政府的官员变动之后，前任所承诺的事情，后任不予承认，即"前朝不理后朝账"。

二是政府官员的诚信度不够。政治诚信是任何社会对官员的首要要求，官员必须做到"一诺千金"。实际上，对于官员而言，政治诚信是第一位的。社会主义制度下对官员的要求更应当如此。官员并不代表个人，是公权力的行使者和代表者，他需要对公共利益负责，对所行使的公权力负责，归根结底是要对人民负责。而实践中，有的官员却恰恰相反。例如，在反腐败过程中被抓的官员，这些人普遍存在的是两套语言体系、两副面孔，他们出尔反尔，言而无信。一些官员在工作上出现问题以后，并不是如实向民众公开事实真相，而是想方设法进行掩盖。

行使公权力的政府和官员本来应当是社会诚信的表率，应当在诚信上率先垂范，而事实上一些政府和官员并未能完全做到。甚至一些地方政府和官员不首先检讨自己是否讲诚信，反而要求企业和个人讲诚信，热衷于建立企业和个人的诚信档案，这完全是本末倒置。如果公权力不讲诚信，违背诚实信用这一社会运行的基本准则，这对公权力的社会公信力的打击则是致命的。

要在全社会建立诚信体系，形成诚信氛围，必须对严重失信的违法分子进行惩戒，建立"黑名单"制度，提高违法成本，同时，公权力必须率先遵守诚实信用原则。要做到这一点，仅仅对官员进行诚信教育是远远不够的，必须在法律上建立对公权力机关及其官员违反诚信行为的全过程的、严厉的责任追究机制,包括对政治责任和法律责任的追究机制。

2015年,中共中央、国务院印发《法治政府建设实施纲要(2015—2020年)》将守法诚信作为法治政府建设的重要内容,一些地方政府也专门制定了关于诚信政府建设实施方案。诚信政府首要的是政府尊重规则、遵守规则、严格依法办事。

5. 社会成员之间贫富差距较大

在我国的当下,城乡之间、东西部之间、城市的不同阶层之间都存在着较大的贫富差距。不可否认,改革开放的伟大成果的确惠及了每一个社会成员,但同样不可否认的是,改革开放以来,社会成员之间的贫富差距事实上在逐渐扩大。虽然所有的社会成员都分享到了改革开放的成果,物质生活和精神生活都有极大的改善,都有所获得,但相当一部分社会成员却没有"获得感"。党中央要求在未来的经济社会发展过程中,要让每一个社会成员都有获得感,这是非常富有深意的。

之所以相当一部分社会成员在物质生活和精神生活均有很大改善的情况下,却没有获得感,其主要原因在于他们认为贫富差距如此之大是不公平的。笔者认为,主要有两个具体原因:

一是一些人的财富在取得方式上并不合法,并不光明正大,并不是完全依靠自己的辛勤劳动、智力、知识或者技术,而是依靠公权力的庇护甚至公权力的直接滥用所取得的。在反腐败过程中,通常的情形是,只要抓住贪官,背后就一定有商人;抓住商人,背后就一定有贪官。官商勾结、相互利用,成为商人发财的捷径、官员致富的门道。目前,社会存在较为普遍的"仇富"心态,其基础是认为富人财富的取得是不公平的。因此,人们也就难以有获得感。

二是在社会财富的二次分配上公权力作为不够。现代社会法律意义上的平等,除了机会平等之外,还需要一定意义上的实质平等。单纯的机会平等,易因个人与生俱来的差异、后天的勤劳程度的差异等,而形成贫富差距越来越大的格局。这种社会状态和社会结构,必然不利于社会的稳定。因此,需要公权力通过社会财富的二次分配,缩小社会成员之间的贫富差距,将其控制在社会成员心理可承受能力范围之内。实际上,对富人进行高额征税以补助穷人,特别是补助生活在贫困线之下的穷人,使他们也能够过上有尊严的生活,对于保障富人的财富和人身安全同样是有利的。我国目前的贫富差距较大与公权力在社会财富的二次分配上的作为不够有着极大的关系。

要解决社会成员之间贫富差距较大的问题，必须以制度限制公权力的滥用，避免其与商人勾结，防止公权力享有者以权谋私；同时，必须多谋民生之利、多解民生之忧，在发展中补齐民生短板、促进社会公平正义，在幼有所育、学有所教、劳有所得、病有所医、老有所养、住有所居、弱有所扶上不断取得新进展，深入开展脱贫攻坚，保证全体人民在共建共享发展中有更多获得感，不断促进人的全面发展、全体人民共同富裕。① 通过制度要求公权力必须进行积极的作为，保证所有社会成员能够过上有尊严的生活。

6. 私权尤其是私有财产权缺乏充分保障

在计划经济时代，国家权力是无限的、全能的。社会事务几乎都是国家事务，甚至个人事务也是国家事务，国家包办了所有社会事务和个人事务。因为基本上没有独立的社会事务的存在，所以社会团体几乎没有存在的空间；个人也只拥有非常少的权利和自由，除了房屋使用权之外，个人几乎不拥有什么财产。

在市场经济时代，个人、社会、国家三者之间分离，换言之，国家事务、社会事务、个人事务分离，分离的具体表现是明确划定各自的权利义务，国家权力、社会权利和个人权利，其界限明确清晰。在划定三者的权利义务时，

---

① 参见党的十九大报告。

本着先个人、再社会、后国家的原则。即个人能够处理的事务由个人自行处理，处理不了的事务再由社会处理，只有在个人和社会均处理不了的情况下，才由国家处理。三者之间的界限首先由宪法和法律划定，在界限不清晰或者存在争议时，再由处于中立地位的法院判定。这一界限的主要功能是限制公权力。如此，个人权利和社会权利才有保障。

目前，个人、社会、国家三者作用的顺序并不明确，其权利义务的界限也不清晰，难以对公权力形成约束，由此导致个人权利、社会权利（特别是市场主体的权利）缺乏充分保障。其中，最为突出的是对个人财产缺乏安全感，个人财产没有安定性，这从征地、拆迁的随意性中，即可见一斑。古人云，无恒产者无恒心。社会的可持续发展，是以财产的安定性为基础的，财产的安定性又决定着人心的安定性、稳定性。

法治思维即权利义务的思维，以宪法和法律明确国家、社会、个人三者的权利义务，形成合理的权利义务关系，特别是形成以个人权利为本位的思维。国家存在的目的、国家权力存在和运行的目的，均在于尊重和保障个人权利。要实现这一效果，必须清晰地划定国家、社会、个人之间的界限，并能够以此界限实际限制国家权力。

所谓"民法典时代",即民法典体系性地规定了个人的民事权利,确认其合法性,公权力对其必须尊重和保障的时代。民法典的颁行,标志着这一时代的来临。

7. 社会创新能力不足

创新是社会永续发展的动力,更是经济发展的永续动力,也是习近平总书记在杭州G20会议上对世界经济发展提出的"中国方案"。十九届四中全会决定要求,完善科技创新体制机制。弘扬科学精神和工匠精神,加快建设创新型国家,强化国家战略科技力量,健全国家实验室体系,构建社会主义市场经济条件下关键核心技术攻关新型举国体制。加大基础研究投入,健全鼓励支持基础研究、原始创新的体制机制。建立以企业为主体、市场为导向、产学研深度融合的技术创新体系,支持大中小企业和各类主体融通创新,创新促进科技成果转化机制,积极发展新动能,强化标准引领,提升产业基础能力和产业链现代化水平。十九届五中全会基于"创新能力不适应高质量发展要求"的基本判断,提出坚持创新在我国现代化建设全局中的核心地位,把科技自立自强作为国家发展的战略支撑,面向世界科技前沿、面向经济主战场、面向国家重大需求、面向人民生命健康,深入实施科教兴国战略、人才强国战略、创新驱动发展战略,完善国家创新体系,加快建设科技强国。要强化国家战略科技力量,提升企业技术创新能力,激发人才创新活力,完善科技创新体制机制。

然而不容否认的事实是,中国社会的创新能力不足,"世界工厂"的名声响彻世界,"中国制造"遍布世界,而中国生产的产品在世界上独占鳌头、首屈一指的则为数甚少,绝大多数为技术含量不高的低端产品。中兴事件所引发的"芯片风波"就是明证。

自改革开放以来,中国经济取得了举世瞩目的伟大成就,而且是持续性的成就,让整个世界刮目相看。但笔者认为,中国原有的经济增长模式,或者说中国经济所取得的成就主要依靠的是以下几个因素。

(1)人口红利,即极为丰富的劳动力资源和因计划生育政策导致的纯消费性人口的大幅减少。第一代农民工具有三大品质,即人数最庞大、最能够吃苦耐劳、最节俭。"中国制造""世界工厂"的美誉与第一代农民工是密不可分的。而与劳动力人数达到顶峰形成反差的是,因计划生育政策导致的纯消费性人口的急剧减少。

(2)土地资源。与其他国家不同的是,中国的土地所有权属于国家和集体,不允许私有。政府通过出让土地使用权的方式,获得大量的支撑经济社会发展所需要的财政收入。即使是属于集体所有的土地,政府提供低价征收的方式改变其所有权性质,再以拍卖的方式高价转让,由此获得巨额的差价。在政府的财政收入中,通过拍卖土地而获得的收入通常占据了所有财政收入的近一半,甚至超过半数。

(3) 牺牲自然环境。许多地方政府本着"先发展,后治理"或者"先发展了再说"的原则,以牺牲自然环境为代价,谋求经济的快速发展。中国的大江大河、小沟小渠几乎没有不被污染的。环绕大半个中国的雾霾挥之不去就是这一发展理念的恶果。

(4) 牺牲自然资源。为了经济发展而无规划地过度开发、开采自然资源。国有企业、民营企业、个体"共同"开发、开采自然资源,形成恶性竞争,在开发、开采过程中浪费资源的现象比比皆是。在改革开放过程中,自然资源丰富的地区因采卖自然资源而成为经济增长的"暴发户"。

(5) 简政放权。改革开放的过程,即是政府简政放权的过程,即政府将计划经济时代无所不包、无所不能的权力逐渐下放。从个人和社会的角度看,改革开放的过程,即是获得越来越多的权利和自由的过程。这些权利和自由激发了勤劳的中国人民的积极性、活力和创造力,换言之,中国人民将这些权利和自由发挥到了极致。

(6) 利用发达国家已有的先进技术、先进管理经验、先进管理制度和引进资金，利用广阔的国际市场。作为一个后发国家，我国的基本优势是可以利用发达国家已有的这些资源，加快经济发展速度。事实上，我国在改革开放的过程中，在引进发达国家的先进技术、管理经验和资金方面，利用全球化和贸易自由化而使中国制造走出去方面，是非常成功的。

如此看来，中国经济的发展与创新关系不大。如果说与创新有关，那就是在制度上有所创新。制度创新的基本内容是简政放权，也可以称为"制度红利"。因为简政放权，解放了生产力，民众和社会的活力、创造力获得了极大的释放。

当前，中国原有的经济增长模式所赖以存在的基本因素，已经逐渐消减。或者说，我国原有的经济增长模式不具有可持续性。所以，需要改变经济增长模式，需要转型升级，需要"腾笼换鸟"。正如党的十九大报告所指出的，我国经济已由高速增长阶段转向高质量发展阶段，正处在转变发展方式、优化经济结构、转换增长动力的攻关期，建设现代化经济体系是跨越关口的迫切要求和我国发展的战略目标。必须坚持质量第一、效益优先，以供给侧结构性改革为主线，推动经济发展质量变革、效率变革、动力变革，提高全要素生产率，着力加快建设实体经济、科技创新、现代金融、人力资源协同发展的产业体系，着力构建市场机制有效、微观主体有活力、宏观调控有度的经济体制，不断增强我国经济创新力和竞争力。

这一切的基本前提是创新。在现有经济社会发展的基础上，在人口红利优势逐渐消退、环境和资源无法再牺牲的情况下，依靠强势政府能否进一步推动经济发展？经济发展的永续动力在于创新，而依靠强势政府能否带来创新？

创新的直观概念当然是技术创新，技术创新的源泉在于社会成员的想象力。因此，技术创新的实质并不在于技术本身，而在于保证技术创新的制度，创新制度的实质又在于能够保证创新的理念。保证创新的制度和理念的意义在于，必须使社会成员有足够的发挥想象力的空间。如若公权力不受到限制，管制无度，社会成员缺乏自由和权利的空间，则技术创新也就成了"水中月""镜中花"。因此，以宪法和法律限制公权力，明确其边界，是技术创新的必由之路。

（三）利益多元化与法治思维

经过经济改革，中国社会由单一利益的社会转变为多元利益的社会。通过经济体制改革，中国社会形成了经济形式多元化，由经济形式多元化形成了经济利益多元化，由经济利益多元化形成了政治利益多元化，由政治利益多元化形成了思想多元化、价值观多元化。可以说，利益多元化是今天中国社会的基本特征。应该说，承认也好，不承认也罢，这是中国社会的基本事实。制定法律、作出决策、处理问题，都必须从这一基本事实出发。

在计划经济时代，中国社会也存在一定的矛盾、冲突，那个时代解决矛盾、冲突的思维是牺牲，方式是命令。即将不同的利益按照所蕴含的价值区分为不同的等级位阶，个人利益低于集体利益，集体利益低于国家利益。当利益之间发生冲突时，个人利益服从集体利益，集体利益服从国家利益。个人利益必须为集体利益和国家利益作出牺牲，集体利益必须为国家利益作出牺牲。而且，这种牺牲是无偿的，是没有任何经济代价的。政府或者组织是以命令的方式要求作出牺牲的。之所以可以以牺牲的思维和命令的方式，解决不同利益之间的矛盾、冲突，笔者认为，其主要因素有三个：（1）在计划经济时代，个人和集体的几乎一切资源被政府或者组织所控制。政府或者组织要求作出牺牲，即使内心里有多大的不情愿，也不得不作出牺牲。（2）如前所述，政府具有超强的公信力。（3）政府可以不经过法律程序，将不服从命令者打入社会底层。计划经济时代这一处理问题、解决矛盾纠纷的思维和方式，在今天已经不可能奏效。其根本原因在于，政府或者组织所能够控制的个人和集体的资源是有限的，尤其是在对个人资源的控制上。

实行改革开放政策以来，中国社会也存在矛盾、冲突，解决矛盾、冲突的基本思维是"和稀泥"。所谓"和稀泥"，就是矛盾、冲突的各方之间进行讨价还价，主要是政府与民众之间就征地、拆迁等事项进行讨价还价，而讨价还价通常是无原则、无底线的，以"闹"的程度为标准，闹得越凶得到的越多、闹一次得到一次。其背景是，旧的牺牲思维已不可能，新的思维又没有形成。这一思维从个案看，似乎解决了矛盾、冲突，但实际上只是在表面上抹平了矛盾、冲突，并没有从根本上彻底解决矛盾、冲突，反而使矛盾、冲突积累得越来越复杂、激烈。党的十八届三中全会决定指出，我们党面对的改革发展稳定任务之重前所未有、矛盾风险挑战之多前所未有。之所以作出"矛盾风险挑战之多前所未有"的判断，其中一个重要的根据就是面对利益多元化的社会，中国还没有完全寻找到妥善调整多元利益关系的机制。有人认为，今天的中国处于社会转型期，因此属于矛盾的高发期、突发期。笔者认为，"高发期""突发期"的判断是不准确的。依据这一判断，似乎眼前几年的矛盾、冲突比较多，如果能够安全地渡过这几年，社会矛盾就不会高发、突发了。实际上，利益多元化的社会特征是中国社会进步的表现，是非常正常的。问题的要害在于，面对利益多元化的社会，如果没有寻找到妥善调整多元利益关系的机制，面对矛盾、冲突，我们就会束手无策，矛盾、冲突就会永远处于高发、突发状态。可见，以"和稀泥"的思维去解决矛盾、冲突并不具有可持续性。

在承认多元利益合法存在的前提下，必须平等保护、尊重这些多元利益①，并建立充分有效的利益表达机制，使得不同的利益主体都可以通过这些表达机制去反映自己的利益诉求②。在此基础上，通过民主机制和民主程序制定宪法法律，由宪法法律以权利义务的形式去界定多元利益之间的各自边界，即先由宪法法律将多元利益的权利义务边界固化，确保宪法法律是多元利益之间的"平衡器""调整器"，即宪法法律能够兼顾和平衡不同利益，达到良法之治。在此前提下，所有国家机关和社会主体均在宪法法律

---

① 党的十八届四中全会决定指出，依法保障公民权利，加快完善体现权利公平、机会公平、规则公平的法律制度，保障公民人身权、财产权、基本政治权利等各项权利不受侵犯，保障公民经济、文化、社会等各方面权利得到落实，实现公民权利保障法治化。必须以保护产权、维护契约、统一市场、平等交换、公平竞争、有效监管为基本导向，完善社会主义市场经济法律制度。健全以公平为核心原则的产权保护制度，加强对各种所有制经济组织和自然人财产权的保护，清理有违公平的法律法规条款。

② 党的十八届四中全会决定指出，健全立法机关和社会公众沟通机制，开展立法协商，充分发挥政协委员、民主党派、工商联、无党派人士、人民团体、社会组织在立法协商中的作用，探索建立有关国家机关、社会团体、专家学者等对立法中涉及的重大利益调整论证咨询机制。拓宽公民有序参与立法途径，健全法律法规规章草案公开征求意见和公众意见采纳情况反馈机制，广泛凝聚社会共识。

之下，都必须服从宪法法律，以宪法法律为自己的行为准则，以宪法法律为依据调整多元利益之间的关系，维护宪法法律的权威，达到规则之治。因为唯此，才能妥善调整多元利益之间的关系，减少社会矛盾和纠纷。党的十八届四中全会决定指出，构建对维护群众利益具有重大作用的制度体系，建立健全社会矛盾预警机制、利益表达机制、协商沟通机制、救济救助机制，畅通群众利益协调、权益保障法律渠道。把信访纳入法治化轨道，保障合理合法诉求依照法律规定和程序就能得到合理合法的结果。

在利益多元化的社会，妥善调整多元利益关系的唯一机制就是法治，别无其他思维和方式。法治思维和法治方式的核心就是党的十八届四中全会决定所指出的两点：一是维护宪法和法律的权威；二是良法是达到善治的前提。必须保证社会成员所遵从的法是良法。所谓良法，就是保障人权之法、兼顾不同利益之法、能够有效控制公权力之法。要保证良法，必须承认每一个人都是存在利益的，而且利益之间是平等的，必须得到平等的尊重和保护。在此前提下，应当建立有效的利益表达机制，允许每一个利益主体都能够充分有效地表达自己的利益。规则既然要约束每一个人，那就必须允许被规则约束的人有机会参与规则的形成过程。在充分表达的基础上，经过民主程序和民主机制，制定规则。这样的规则才具有合法性和正当性，这样的规则才能够兼顾不同的利益，这样的规则其社会可接受性才更高。说到底，规则就是不同利益之间博弈的结果，规则就是不同利益的调整器、平衡器。

在规则具有合法性和正当性的前提下，要维护规则的权威，就要严格按照规则办事，并且始终按照规则办事。如果公权力机关不严格按照规则办事，或者不始终按照规则办事，其自身不尊重规则，规则就不可能具有权威。十九届四中全会决定要求，制度的生命力在于执行。各级党委和政府以及各级领导干部要切实强化制度意识，带头维护制度权威，做制度执行的表率，带动全党全社会自觉尊崇制度、严格执行制度、坚决维护制度。健全权威高效的制度执行机制，加强对制度执行的监督，坚决杜绝做选择、搞变通、打折扣的现象。

党中央要求领导干部以法治思维和法治方式处理问题、解决矛盾纠纷，这就是在利益多元化的社会背景下，寻找到的妥善调整多元利益关系、协调利益冲突的最佳和唯一机制。

正是在上述认识的背景下，党的十八届四中全会决定指出："健全依法维权和化解纠纷机制。强化法律在维护群众权益、化解社会矛盾中的权威地位，引导和支持人们理性表达诉求、依法维护权益,解决好群众最关心最直接最现实的利益问题。""健全社会矛盾纠纷预防化解机制,完善调解、仲裁、行政裁决、行政复议、诉讼等有机衔接、相互协调的多元化纠纷解决机制。加强行业性、专业性人民调解组织建设,完善人民调解、行政调解、司法调解联动工作体系。完善仲裁制度,提高仲裁公信力。健全行政裁决制度,强化行政机关解决同行政管理活动密切相关的民事纠纷功能。"

信访制度改革的核心就是将信访中原有的解决纠纷的功能剥离,即将涉诉、涉法案件,通过其他法律救济途径解决,使信访回归到本来的意义,发挥法律在解决矛盾、纠纷中的作用。在本来的意义上,信访是民众反映意见和建议的渠道,是国家机关了解民意、民情的重要方式,并不是解决矛盾、纠纷的方式。民众认为自己的合法权益受到侵害,可以依据法律上所设立的调解、仲裁、行政裁决、行政复议、诉讼等权利救济制度,寻求保护自己的合法权益。

同样,司法改革的目的也在于更好地发挥法律在解决矛盾、纠纷方面的权威作用。我国司法改革的重要成果之一,是在2015年5月1日开始实行的立案登记制。党的十八届四中全会决定要求,改革法院案件受理制度,变立案审查制为立案登记制,对人民法院依法应该受理的案件,做到有案必立、有诉必理,保障当事人诉权。之所以将"立案审查制"改为"立案登记制",其目的就在于将应当由诉讼途径解决的矛盾、纠纷纳入法律轨道,以避免当事人将能通过法律渠道解决的矛盾、纠纷转入非法律途径解决。

(四)民众的观念和意识的变化与法治思维

改革开放政策使民众的观念和意识发生了巨大变化。"开放"使民众看到了外面的世界。相同的问题、同样的事情,国际社会通行的处理原则、处理思维、处理方法,民众看得非常清晰。同时,当今世界又是一个信息高度发达的世界,民众每时每刻都可以了解到外部的情况。如果采用与外部世界不同的处理思维和方法,则必须有一个能够解释得通的正当理由。"开放"政策使民众对政府处理问题提出了更高的要求,即必须充分说明理由,而不能仅仅宣布一个简单的结论。"改革"最终使中国社会实行社会主义市场经济。市场经济是自由经济,市场经济是权利经济,市场经济是平等经济,市场经济是规则经济。党的十八届四中全会决定指出,市场经济本质上是法治经济。市场经济的基本前提是,任何一个市场主体均必须享有自由、权利、平等,并需要按照规则办事,而任何一个社会成员均是市场主体。在市场领域，社会成员享有自由、权利、平等，需要按照规则办事；而在其他领域，诸如社会领域、政治领域、思想领域，社会成员必然会按照同一思维，也会要求享有自由、权利、平等及按照规则办事。市场经济不仅仅对经济领域产生影响，实际上，它对社会所有领域的影响是全方位的、深刻的。

一些领导干部经常感叹，现在的老百姓不好管理了。如果我们的领导干部把今天的老百姓当作改革开放以前的老百姓，仍然以牺牲的思维和命令的方式，处理问题，解决矛盾纠纷，当然是行不通的。今天我们面对的是在观念和意识上与原来完全不同的民众，而妥善处理政府与民众的关系只能采用法治思维和法治方式。即按照宪法和法律所预先规定的各自的权利义务，处理问题，解决矛盾纠纷。政府有效行使自己的法定权力，履行自己的法定义务，民众充分行使自己的权利，履行自己的义务。只有按照这种权利义务的思维，才能正确调整和处理管理者与被管理者的关系。而双方的权利义务关系，只能由宪法法律预先确定。

二、法治思维与法制思维

自党的十八大以来，党中央要求领导干部按照"法治思维"而不是"法制思维"处理问题。"文化大革命"结束以后，特别是党的十一届三中全会以后，在很长一段时间里，党中央的文件提到的是"发扬社会主义民主，加强社会主义法制建设"。从20世纪90年代开始，党中央的文件开始提出"社会主义法治"。特别是党的十五大报告把依法治国、建设社会主义法治国家，确定为党领导人民治理国家的基本方略。1999年3月，九届全国人大二次会议通过的宪法修正案规定："中华人民共和国实行依法治国，建设社会主义法治国家。"2018年宪法修正案将"健全社会主义法制"改为"健全社会主义法治。"党的十八大报告及十八届四中全会决定，特别是十九大报告、十九届四中全会决定更是突出强调建设法治中国，包括法治国家、法治政府、法治社会，提出中国特色的社会主义法治、法治思维、法治方式、法治体系、法治理论。

  法治在纵向上可以分为三个层次：第一个层次是通过制宪机关的制宪活动和立法机关的立法活动，形成具有实施基础的宪法和法律体系；第二个层次是国家机关在行使职权时严格依据宪法和法律、遵照宪法和法律的规定，坚持宪法和法律至上，即规则之治；第三个层次是法律的规定应当具有正当性和合理性，即良法之治。质言之，法治的三个层次是形成体系化的制度、严格按照制度办事、制度是合理的。

就上述法治的第一个层次的任务而言，中国法治建设已经基本完成。2008年发布的《中国的法治建设》白皮书从八个方面描述了中国的法治建设状况，包括建设社会主义法治国家的历史进程、中国特色的立法体制和法律体系、尊重和保障人权的法律制度、规范市场经济秩序的法律制度、依法行政与建设法治政府、司法制度与公正司法、普法和法学教育、法治建设的国际交流与合作。

白皮书对中国法治建设不同阶段的工作进行了详细的回顾。在中国共产党的领导下，中国人民经过革命、建设、改革和发展，逐步走上了建设社会主义法治国家的道路。1949年中华人民共和国的成立，开启了中国法治建设的新纪元。20世纪70年代末，中国共产党总结历史经验，特别是汲取"文化大革命"的惨痛教训，作出把国家工作中心转移到社会主义现代化建设上来的重大决策，实行改革开放政策，并明确了一定要靠法制治理国家的原则。20世纪90年代，中国开始全面推进社会主义市场经济建设，由此进一步奠定了法治建设的经济基础，也对法治建设提出了更高的要求。1997年召开的中国共产党第十五次全国代表大会，将"依法治国"确立为治国基本方略，将"建设社会主义法治国家"确定为社会主义现代化的重要目标，并提出了建设中国特色社会主义法律体系的重大任务。1999

年,将"中华人民共和国实行依法治国,建设社会主义法治国家"载入宪法。中国的法治建设揭开了新篇章。进入21世纪,中国的法治建设继续向前推进。2002年召开的中国共产党第十六次全国代表大会,将社会主义民主更加完善,社会主义法制更加完备,依法治国基本方略得到全面落实,作为全面建设小康社会的重要目标。2004年,将"国家尊重和保障人权"载入宪法。2007年召开的中国共产党第十七次全国代表大会,明确提出全面落实依法治国基本方略,加快建设社会主义法治国家,并对加强社会主义法治建设作出了全面部署。白皮书提出,中华人民共和国成立近60年来,特别是改革开放30年来,在建设中国特色社会主义的伟大实践中,中国的法治建设取得了巨大成就。

白皮书指出,经过多年不懈的努力,以宪法为核心的中国特色社会主义法律体系基本形成。当代中国的法律体系,部门齐全、层次分明、结构协调、体例科学,主要由七个法律部门和三个不同层级的法律规范构成。七个法律部门是:宪法及宪法相关法,民法商法,行政法,经济法,社会法,刑法,诉讼与非诉讼程序法。三个不同层级的法律规范是:法律,行政法规,地方性法规、自治条例和单行条例。白皮书显示,全国人民代表大会及其常务委员会已经制定了229件现行有效的法律,涵盖了全部七个法律部门；各法律部门中，对形成中国特色社会主义法律体系起支架作用的基本的法律，以及改革、发展、稳定急需的法律，大多已经制定出来。与法律相配套，国务院制定了近600件现行有效的行政法规，地方人民代表大会及其常务委员会制定了7 000多件现行有效的地方性法规，民族自治地方的人民代表大会制定了600多件现行有效的自治条例和单行条例。国务院有关部门以及省、自治区、直辖市和较大的市的人民政府还制定了大量规章。据此，吴邦国委员长宣布，具有中国特色的社会主义法律体系已经形成。

此后，我国在中国特色的社会主义法律体系方面又取得了新的成就：（1）2018年全国人大以修正案方式对现行宪法进行了第五次修改，保持了宪法与社会实际的一致性；（2）全国人大及其常委会制定、修改了一批法律，特别是于2020年通过了《民法典》，完成了民事立法方面的重大历史性任务；（3）国务院的行政法规已达800余件；（4）通过修改宪法和立法法，扩大了地方立法的主体，设区的市人大及其常委会有权制定地方性法规，其人民政府有权制定规章等。

在法治的上述三个层次中，"法制"主要指的是第一个层次，即制度建设，而不能包含法治的第二个层次和第三个层次。目前，中国法治建设的主要任务是完成后两个层次的任务,即重点保证规则之治和良法之治。国家实现治理现代化和全面推进依法治国都在于完成这两大任务,因此,必须将"法制"改为"法治",将"法制思维"改为"法治思维"。也正因为如此,党的十八届四中全会决定才把长期以来坚持的我国法制建设的基本原则,由"有法可依、有法必依、执法必严、违法必究"改为"科学立法、严格执法、公正司法、全民守法"。

三、法治思维与人治思维

在谈到"法治"或者"法治思维"时,往往也会涉及另一组相对应的概念——"人治""人治思维"。说到底,法治和人治都是国家治理的理念和方式。在社会发展的新时代,我国应当实行法治还是实行人治,或者法治与人治是否可以相融?围绕着关系国家命运的这一重大问题,在20世纪80年代初,我国曾经进行过一场大辩论、大争论,已经有了定论,即我国只能或者必须实行法治而不能实行人治,同时,法治与人治无法相融。

习近平总书记指出:"法治和人治问题是人类政治文明史上的一个基本问题,也是各国在实现现代化过程中必须面对和解决的一个重大问题。综观世界近现代史,凡是顺利实现现代化的国家,没有一个不是较好解决了法治和人治问题的。相反,一些国家虽然也一度实现快速发展,但并没有顺利迈进现代化的门槛,而是陷入这样或那样的'陷阱',出现经济社会发展停滞甚至倒退的局面。后一种情况很大程度上与法治不彰有关。""人类社会发展的事实证明,依法治理是最可靠、最稳定的治理。"习总书记把国家治理是采用法治还是人治的选择,上升到人类文明史的高度来认识,放到人类社会发展规律的整体来把握。

我国今天之所以必须实行法治而不能实行人治,是由国家治理现代化的目标决定的。按照党的十八届三中全会决定的要求,国家治理现代化的出发点和落脚点是实现社会公平正义、增进人民福祉。而要实现和达到这一伟大目标,只能通过实现法治。

有人可能认为,我国几千年来曾长期实行人治,几度达到盛世的状态,始终引领东亚的政治文明和制度文明,成为世界文明独特的重要一支。因此,人治也并非一无是处。同时,受长期以来的思维定式及工作方式的影响,其认为,法治是强调制度的作用,人治是强调人的作用。而制度是人制定的,制度也是由人执行的,仅仅强调制度的作用而不强调人的作用,制度是不可能发挥作用的,况且孟子云:"徒法不能以自行"。因此,不能仅仅强调法治,还需要强调人治,或者法治与人治必须相融。笔者认为,这一观点混淆了法治与人治的根本差别，其结论是完全错误的。

法治与人治的核心差别并不在于是否由人来执行制度，而在于法治的要求是，任何人、任何组织都在宪法和法律之下，都必须严格按照宪法和法律办事；一切国家权力均来自宪法和法律的授予，均在宪法和法律之下。人治的基本标志是，执行制度的人既可以按照制度办事，也可以不按照制度办事，制度并不约束执行制度的人，制度不过是执行制度者的一种选择性工具。法治和人治都强调人的作用，也都强调制度的作用，而根本区别在于执行制度的人是在制度之上还是在制度之下，是否受到制度的约束。

在西方，衡量法治国家、法治社会的基本标志是：国王在法律之下，即是法治国家、法治社会；国王在法律之上，即是人治国家、人治社会。质言之，是"王在法下，还是王在法上"。实际上，法治与人治的核心差别在于国家权力与宪法法律的关系。权大于法，即是人治；法大于权，即是法治。因此，法治与人治是无法兼容的。

判断和衡量是否是按照法治思维和法治方式处理问题，其标准在于：在已经制定了制度、规则的情况下，领导干部即使不喜欢这些制度、规则，也应当依照制度、规则办事，即为法治思维；领导干部对有利于自己的制度、规则则照办，对不利于自己的制度、规则则不照办，即为人治思维。

我国现行《宪法》序言规定，本宪法以法律的形式确认了中国各族人民奋斗的成果，规定了国家的根本制度和根本任务，是国家的根本法，具有最高的法律效力。全国各族人民、一切国家机关和武装力量、各政党和各社会团体、各企业事业组织，都必须以宪法为根本的活动准则，并且负有维护宪法尊严、保证宪法实施的职责。第5条规定，一切国家机关和武装力量、各政党和各社会团体、各企业事业组织都必须遵守宪法和法律。一切违反宪法和法律的行为，必须予以追究。任何组织或者个人都不得有超越宪法和法律的特权。《中国共产党章程》规定，中国共产党必须在宪法和法律的范围内活动。宪法和党章的这些规定都是依照法治思维的理念和要求作出的。

四、依法治国与以德治国

在谈到"法治"时，往往也会谈到与其相对应的另一个概念——"德治"。在讨论法治与德治的关系时，有的人往往将其混同于法治与人治的关系，认为以德治国就是实行人治。

2000年6月，江泽民同志在中央思想政治工作会议上的讲话中指出:"法律与道德作为上层建筑的组成部分,都是维护社会秩序、规范人们思想和行为的重要手段,它们互相联系、互相补充。法治以其权威性和强制手段规范社会成员的行为,德治以其说服力和劝导力提高社会成员的思想认识和道德觉悟。道德规范和法律规范应该互相结合,统一发挥作用。"2001年1月,在全国宣传部长会议上,江泽民同志又代表党中央明确提出了"把依法治国与以德治国紧密结合起来"的治国方略:"我们在建设有中国特色社会主义,发展社会主义市场经济的过程中,要坚持不懈地加强社会主义法制建设,依法治国,同时也要坚持不懈地加强社会主义道德建设,以德治国。""以德治国",这是以江泽民同志为核心的党的第三代领导集体在我国社会经济步入新的发展时期所提出的重要治国方略,是在深刻总结国内外治国经验的基础上作出的科学论断,是对马列主义、毛泽东思想、邓小平理论的重大发展。

党的十八届四中全会决定指出,坚持依法治国和以德治国相结合。国家和社会治理需要法律和道德共同发挥作用。必须坚持一手抓法治、一手抓德治,大力弘扬社会主义核心价值观,弘扬中华传统美德,培育社会公德、职业道德、家庭美德、个人品德,既重视发挥法律的规范作用,又重视发挥道德的教化作用,以法治体现道德理念、强化法律对道德建设的促进作用，以道德滋养法治精神、强化道德对法治文化的支撑作用，实现法律和道德相辅相成、法治和德治相得益彰。

中共中央政治局于 2016 年 12 月 9 日，就我国历史上的法治和德治进行第三十七次集体学习。习近平总书记在主持学习时强调，法律是准绳，任何时候都必须遵循；道德是基石，任何时候都不可忽视。在新的历史条件下，我们要把依法治国基本方略、依法执政基本方式落实好，把法治中国建设好，必须坚持依法治国和以德治国相结合，使法治和德治在国家治理中相互补充、相互促进、相得益彰，推进国家治理体系和治理能力现代化。

习近平指出，法律是成文的道德，道德是内心的法律。法律和道德都具有规范社会行为、调节社会关系、维护社会秩序的作用，在国家治理中都有其地位和功能。法安天下，德润人心。法律有效实施有赖于道德支持，道德践行也离不开法律约束。法治和德治不可分离、不可偏废，国家治理需要法律和道德协同发力。

习近平强调，改革开放以来，我们深刻总结我国社会主义法治建设的成功经验和深刻教训，把依法治国确定为党领导人民治理国家的基本方略，把依法执政确定为党治国理政的基本方式，走出了一条中国特色社会主义法治道路。这条道路的一个鲜明特点，就是坚持依法治国和以德治国相结合，强调法治和德治两手抓、两手都要硬。这既是历史经验的总结，也是对治国理政规律的深刻把握。

习近平指出，要强化道德对法治的支撑作用。坚持依法治国和以德治国相结合，就要重视发挥道德的教化作用，提高全社会文明程度，为全面依法治国创造良好人文环境。要在道德体系中体现法治要求，发挥道德对法治的滋养作用，努力使道德体系同社会主义法律规范相衔接、相协调、相促进。要在道德教育中突出法治内涵，注重培育人们的法律信仰、法治观念、规则意识，引导人们自觉履行法定义务、社会责任、家庭责任，营造全社会都讲法治、守法治的文化环境。

习近平强调，要把道德要求贯彻到法治建设中。以法治承载道德理念，道德才有可靠制度支撑。法律法规要树立鲜明道德导向，弘扬美德义行，立法、执法、司法都要体现社会主义道德要求，都要把社会主义核心价值观贯穿其中，使社会主义法治成为良法善治。要把实践中广泛认同、较为成熟、操作性强的道德要求及时上升为法律规范，引导全社会崇德向善。要坚持严格执法，弘扬真善美、打击假恶丑。要坚持公正司法，发挥司法断案惩恶扬善功能。

习近平指出，要运用法治手段解决道德领域突出问题。

法律是底线的道德，也是道德的保障。要加强相关立法工作，明确对失德行为的惩戒措施。要依法加强对群众反映强烈的失德行为的整治。对突出的诚信缺失问题，既要抓紧建立覆盖全社会的征信系统，又要完善守法诚信褒奖机制和违法失信惩戒机制，使人不敢失信、不能失信。对见利忘义、制假售假的违法行为，要加大执法力度，让败德违法者受到惩治、付出代价。

习近平强调，要提高全民法治意识和道德自觉。法律要发挥作用，首先全社会要信仰法律；道德要得到遵守，必须提高全体人民道德素质。要加强法治宣传教育，引导全社会树立法治意识，使人们发自内心信仰和崇敬宪法法律；同时要加强道德建设，弘扬中华民族传统美德，提升全社会思想道德素质。要坚持把全民普法和全民守法作为依法治国的基础性工作，使全体人民成为社会主义法治的忠实崇尚者、自觉遵守者、坚定捍卫者。要深入实施公民道德建设工程，深化群众性精神文明创建活动，引导广大人民群众自觉践行社会主义核心价值观，树立良好道德风尚，争做社会主义道德的示范者、良好风尚的维护者。

习近平指出，要发挥领导干部在依法治国和以德治国中的关键作用。领导干部既应该做全面依法治国的重要组织者、推动者，也应该做道德建设的积极倡导者、示范者。

要坚持把领导干部带头学法、模范守法作为全面依法治国的关键，推动领导干部学法经常化、制度化。以德修身、以德立威、以德服众，是干部成长成才的重要因素。领导干部要努力成为全社会的道德楷模，带头践行社会主义核心价值观，讲党性、重品行、作表率，带头注重家庭、家教、家风，保持共产党人的高尚品格和廉洁操守，以实际行动带动全社会崇德向善、尊法守法。

党的十九大报告又明确要求，坚持依法治国和以德治国相结合。

法治与德治是两种既有区别又存在密切联系的国家治理和社会治理的理念、方式。法律就是为了维持社会作为共同体的各类秩序的社会最低道德，国家将社会最低道德经过立法程序规定为法律的内容，成为国家意志，强制性地要求所有社会成员必须遵守。法律所规定或者确认的道德具有强制性，社会成员如果违反，则必须承担相应的法律责任。我们通常所说的"道德"则是高于法律部分的非强制性的维持社会秩序的要求。因此，法律与道德的关系，本质上仍然是道德与道德的关系，是社会最低道德与高于法律部分的道德要求的关系。

就国家治理和社会治理而言，依法治国所强调的是人人必须遵守法律所确认的最低道德，以维持必要的社会共同体的各类秩序。如果国家治理和社会治理仅仅强调依法治国，只要求社会成员的行为符合最低社会道德标准，这首先是必要的，但同时又是远远不够的。国家和社会应当在此基础上通过提倡更高的道德要求，树立道德模范，宣扬优秀传统文化，培养人们积极向上的道德情操，若所有的社会成员特别是行使公权力的公职人员都能够做到，就更能保证社会形成良好的秩序。

对于国家治理和社会治理来说，依法治国和以德治国必须相结合，两者不可偏废。同时，依法治国与以德治国相比较，依法治国是基本前提，只有在此基础上，才能以德治国。而如果在依法治国还不能真正做到的情况下，只强调以德治国，这与实行人治基本上没有差异。

第二讲 人权思维

人权思维是法治思维的首要要求，实行法治的目的就在于尊重和保障人权，保证任何制度都符合人性，让人能够有尊严地生活、生存和发展。这是近代以来国家的根本目的、国家权力的根本目的、制度的根本目的、实施制度的根本目的，以及国家机关一切工作的根本目的。

一、人权入宪及其意义

我国对于人权的认识有一个转变的过程。资产阶级人权观认为，人权的"人"，是指超越国家、阶级、民族、种族等的抽象的人，而初期的认识是，世界上并不存在这种意义上的人，人必然是某个国家中的人、某个阶级的人、某个民族的人、某个种族的人，既然不存在人权意义上的"人"，也就不存在人权。因此，我们将人权定性为资产阶级欺骗劳动人民的工具、资产阶级的专利,而否认、排斥人权。在人权作为世界上普遍的概念、理论体系、价值观的情况下,我国因否认、排斥人权,在国际交往的话语体系中,常常处于不利的处境。因此,为转被动为主动,将其作为国际斗争的工具,我国出版了年度性的美国人权白皮书等。在以美国为代表的西方国家攻击我国的人权状况时,我国以西方特别是美国侵犯人权的事实予以回击。后期,我国认识到实行社会主义制度的根本目的就是保障绝大多数人的人权,而资本主义制度只保障少数人的人权,社会主义制度与人权是高度契合的,必须坚持马克思主义人权观,以反击和批判资产阶级的人权观。正如习近平总书记于2015年9月16日致"2015·北京人权论坛"的贺信中所说的,中国共产党和中国政府始终尊重和保障人权。长期以来,中国坚持把人权的普遍性原则同中国实际相结合,不断推动经济社会发展,增进人民福祉,促进社会公平正义,加强人权法治保障,努力促进经济、社会、文化权利和公民、政治权利全面协调发展,显著提高了人民生存权、发展权的保障水平,走出了一条适合中国国情的人权发展道路。因此,我们更应该大张旗鼓、理直气壮地坚持人权。基于这一认识,我国完全承认了人权。所谓完全承认人权,即不仅承认"人权"这一概念,还承认人权的理念。承认人权的基本标志是在 2004 年宪法修正案中，明确增加了"国家尊重和保障人权"条款。这一条款表明，承诺尊重和保障人权是国家的义务；国家的目的在于尊重和保障人权；国家权力存在和运行的目的在于尊重和保障人权。同时，我国出版了 30 余个中国的人权白皮书，全面介绍中国各方面的人权状况。

"国家尊重和保障人权"条款进入宪法，对于中国共产党及中国社会的发展具有里程碑的意义。这一意义在于，自 2004 年始，中国共产党的执政理念完全转变为"尊重和保障人权"。这实际上就意味着，中国共产党的执政方式、执政方法、执政政策、执政战略、执政规划等均是围绕着这一理念的。党的十八大以后，党中央提出了"四个全面"的战略布局、"五位一体"总体布局，而后又提出了"五大发展理念"。要更好地、透彻地理解"四个全面"战略布局、"五位一体"总体布局和"五大发展理念"，必须站在国家尊重和保障人权的高度，而不能仅仅囿于"四个全面"战略布局、"五位一体"总体布局和"五大发展理念"本身。实际上，这些部署和理念均是为了实现尊重和保障人权这一目标。发展是人类社会永恒的主题。联合国《发展权利宣言》确认发展权利是一项不可剥夺的人权。作为一个拥有 14 亿多人口的世界最大发展中国家，发展是解决中国所有问题的关键,也是中国共产党执政兴国的第一要务。中国坚持把人权的普遍性原则同本国实际相结合,坚持生存权和发展权是首要的基本人权。多年来,中国坚持以人民为中心的发展思想,把增进人民福祉、保障人民当家作主、促进人的全面发展作为发展的出发点和落脚点,有效保障了人民发展权益,走出了一条中国特色人权发展道路。中国积极参与全球治理,着力推进包容性发展,努力为各国特别是发展中国家人民共享发展成果创造条件和机会。①

人权入宪意味着我国不仅承认了"人权"这一概念,而且承认了人权的基本理念。正是基于这一认识,自20世纪90年代初以来,中国在人权问题上进行了重大的外交战略调整。之后,中国开始积极主动地参加国际人权活动,在国际人权领域发挥了重要作用。中国在与国际人权条约机制的合作、与联合国人权机构的合作、参与国际人权对话和人权交流等方面,都取得了积极进展。据《中国人权事业发展报告 No.10(2020)》,中国已参加27项国际人权条约。

人权入宪意味着我国宪法所列举的公民基本权利获得了更大的拓展空间。我国现行宪法中列举的公民基本权利

---

① 参见2016年12月4日,习近平致"纪念《发展权利宣言》通过30周年国际研讨会"的贺信。

是历部宪法中最全面、最具体的,但这部宪法是在我国改革开放初期颁行的,对公民基本权利的认识并不完全清晰。随着改革开放政策的实行,特别是我国社会的发展、进步和变化,宪法中关于公民基本权利的规定已经落后于我国社会实际的需要,而现行宪法颁行之后的几次修改均未涉及公民基本权利条款。例如,宪法中没有生命权、知情权、环境权、迁徙自由、诉讼权等的规定。为适应社会的发展需要,对宪法中关于公民基本权利体系部分进行修改完善,可以说迫在眉睫。在修改之前,基于人权入宪,可以对现行宪法中关于公民基本权利体系的理解作出扩大解释,以适应社会的需要。

人权入宪意味着对宪法的核心价值有了更加清晰的认识。宪法是什么,制宪的目的是什么,国家的目的是什么,国家权力的目的是什么,等等,这些基本问题在人权入宪之前是一种理解,在人权入宪之后则是另一种理解。马克思说宪法是一部人权保障书,列宁说宪法是一张写着人民权利的纸。马列主义经典作家对于宪法的这些论述,只有在人权入宪之后,我们对此才有更加深刻的认识。

近些年,我国在制度上作出了很大的改进和完善。例如,废止收容遣送制度,废止劳动教养制度,废止收容教育制度,禁止刑讯逼供,减少死刑和严格死刑复核制度,个人权利自由扩大，把权力关进制度的笼子，更加关注民生和精准扶贫，要求政府信息公开，让民众在每一个案件中感受到公平正义等。这些制度的改进极大地推进了我国的人权进步，因而受到广大民众及国际社会的一致好评。人们也因此得出结论，中国社会进步了。可见，判断一个社会进步的标准即是人权的不断进步，判断一项制度好坏的标准也在于此。

二、人权思维的基本要求

宪法上的"尊重和保障人权"是针对公权力而作出的规定，是对公权力提出的基本要求。这一规定首先要求公权力必须"尊重人权"，即立法机关不得制定侵犯人权的法律，行政机关不得在执法过程中侵犯人权，司法机关在审判过程中不得滥用司法权侵犯人权；其次要求公权力必须"保障人权"，即立法机关必须制定保障人权的法律，行政机关在执行法律过程中必须有效地保障人权，司法机关必须通过审判活动有效地保障人权。当任何社会主体实施了侵犯人权的行为时，公权力机关都必须严肃处理，追究其法律责任。

人权思维要求，宪法及宪法以下的法律文件的核心价值必须是尊重和保障人权；立法机关、行政机关、司法机关行使权力必须以尊重和保障人权为核心价值；侵犯人权、阻碍人权进步的所有法律文件、所有制度均应因违反宪法而无效。

人权思维要求，所有的领导干部都必须清醒地认识到，我国社会未来发展的方向只有一个，那就是越来越尊重和保障人权。在清晰地认识到这一点之后，必须明确两点：一是囿于中国社会的发展阶段、特殊国情，目前的一些制度与尊重和保障人权的发展方向还存在一定的差距，不仅要通过积极努力而不懈地工作以达到要求，而且要根据社会的发展，逐渐淘汰不符合社会发展方向的制度，而不能固守这些制度。二是不得再去制定与尊重和保障人权要求背道而驰的制度。例如，不得制定违背社会公平的制度、侵犯机会平等的制度、把人区分为"高端""低端"的制度等。

人权思维要求，所有公权力的运行都是为了尊重和保障人权，不能做借公权力故意使社会成员出丑、侮辱人格的事情；所有的工作都必须是能够推进、促进人权保障的。

相对于国家权力的是个人权利和社会权利，其中主要是个人权利。而集中规定个人权利的是民法典。党的十九大明确提出，要保护人民人身权、财产权、人格权。编纂民法典，健全和充实民事权利种类，形成更加完备的民事权利体系，完善权利保护和救济规则，形成规范有效的权利保护机制，对于更好地维护人民权益，不断增加人民群众获得感、幸福感和安全感，促进人的全面发展，具有十分重要的意义。习近平总书记指出，民法典实施得好，人民群众权益就会得到法律保障，人与人之间的交往活动就会更加有序，社会就会更加和谐。习总书记要求，各级党和国家机关开展工作要考虑民法典规定，不能侵犯人民群众享有的合法民事权利，包括人身权利和财产权利。同时，有关政府机关、监察机关、司法机关要依法履行职能、行使职权，保护民事权利不受侵犯、促进民事关系和谐有序。民法典实施的水平和效果，是衡量各级党和国家机关履行为人民服务宗旨的重要尺度。

但也必须看到，在实践中，某些国家机关及其工作人员对中国共产党尊重和保障人权的执政理念认识不深，对人权自身的理念认识不足，导致工作中的一些做法与人权保障的方向不一致。笔者认为，问题主要出在以下两个方面。

1. 对人权的固有性缺乏认识

人权即人之为人或人作为人的权利。从人权的来源上说，人权是固有的，而不是宪法和法律赋予的，宪法和法律只是对人所固有的人权通过法律程序予以确认、规定，宪法上和法律上的权利是人权的法定化。因此，人具有作为人的权利是当然的，无须任何理由。反之，宪法和法律如果要对人作为人的法定化的权利进行限制或者禁止，则必须具有正当目的及采取适度的手段，即必须符合比例原则的要求。比例原则是公权力在行使时必须遵守的首要要求，被称为公权力行使的"帝王条款"。公权力机关在通过宪法和法律获得公权力之后，首先必须遵守的即是比例原则。

比例原则的第一个要求是，禁止或者限制权利的目的必须正当。那么，正当目的应当是什么呢？基本的目的有两个：一是权利的外在限制，即基于保护公共利益、国家安全及维持社会秩序的需要，可以禁止或者限制权利。二是权利的内在限制，即在权利体系内部，特别是宪法规定的公民基本权利体系内部，不同权利之间可能存在一定的冲突，为了保护此种权利就必须对彼种权利进行限制，而为了保护彼种权利就必须对此种权利进行限制，说明任何权利都不是绝对的，必然存在一定的边界，而有必要对权利进行限制。换言之，公权力禁止或者限制权利，只能基于这两个方面的目的才是正当的。

比例原则的第二个要求是，禁止或者限制权利的手段必须是必要的，即必要性原则。为了达到禁止或者限制的目的，而必须采取一定的措施、手段，这些措施、手段必须是能够达到目的的必要措施、手段，否则，构成违法。按照这一要求，先找到禁止或者限制的目的，再将每一项措施、手段分别与目的进行衡量，能够达到目的的手段为合法，不可能达到目的的手段为违法。例如，关于机动车限行措施，如果目的是减轻雾霾，必须证明机动车尾气是造成雾霾的重要因素，限行才是正当的。如果没有证据证明这一点，那么限行就达不到减轻雾霾的目的，限行措施就是违法的。

停车检查案

> 某日中午，三人饮酒后共同骑在一辆摩托车上，行驶的车速飞快。警察发现后，认为车速过快可能发生事故，欲让摩托车停车接受检查。为达到这一目的，警察采用的第一个手段是举手示意，三人未注意警察的手势，并未停车；警察采用的第二个手段是冲天鸣枪警告，三人仍未能注意，也并未停车；警察采用的第三个手段是冲地射击子弹，子弹反弹击中三人中最后一人的屁股。此人不知为中弹，因屁股中弹疼痛，身体歪斜致摩托车倒入路边沟渠之中，造成一人死亡。

在此案中，警察的目的是让摩托车停车接受检查，这一目的是正当的。为实现此目的，警察采取了三个手段。为判断警察所采取的手段是否合法，需要将三个手段分别与目的进行衡量，能够达到目的的手段即为合法，无法达到目的的手段即为违法。第一个手段和第二个手段均可达到目的，属于合法的手段，而第三个手段无法达到目的，属于违法的手段。

比例原则的第三个要求是，达到目的的措施、手段必须是最低限度的措施、手段。为了达到目的，在能够选择措施、手段的情况下，必须选择其中对社会成员侵害最小的措施、手段。因此，这一要求又被称为"最小侵害原则""最小损失原则""最小限制原则"。换言之，可以采用更小侵害的措施、手段，而采用了更大侵害的措施、手段，是不妥当的。例如，如果机动车限行的目的是减轻城市交通拥堵，那么，应当先采取保证道路畅通的其他措施，在穷尽了所有措施之后，仍然不能保证道路畅通，不得已才可以采取限行措施。因为对机动车采取限行措施，必然对机动车的使用权进行了限制。《行政强制法》第5条规定，行政强制的设定和实施，应当适当。采用非强制手段可以达到行政管理目的的，不得设定和实施行政强制。《行政强制法》第8条规定，公民、法人或者其他组织因人民法院在强制执行中有违法行为或者扩大强制执行范围受到损害的，有权依法要求赔偿。《突发事件应对法》第 11 条规定，有关人民政府及其部门采取的应对突发事件的措施，应当与突发事件可能造成的社会危害的性质、程度和范围相适应；有多种措施可供选择的，应当选择有利于最大限度地保护公民、法人和其他组织权益的措施。

汇丰实业发展有限责任公司诉哈尔滨市规划局案

1993 年 4 月，哈尔滨市同利实业公司（以下简称同利公司）向哈尔滨市规划土地管理局（1995 年 10 月机构改革分立为规划局和土地管理局）申请翻扩建其所有的、位于哈尔滨市道里区中央大街 108 号（原 138 号）院内的两层楼房。院内原有两栋楼房，其中，临中央大街的一栋为地下 1 层、地上 3 层；院内的一栋为地下 1 层、地上 2 层。同年 6 月 17 日，同利公司与汇丰实业发展有限责任公司（以下简称汇丰公司）达成房屋买卖协议，签订了《房屋产权有偿转让协议书》，汇丰公司付清了 1 000 万元房款，交纳了房屋买卖有关契税费用，领取了房屋产权证。同年 12 月 7 日，哈尔滨市规划土地管理局颁发 93（地）字 246 号建设用地规划许可证，同意同利公司翻建108号楼，用地面积339.20平方米。1994年1月6日，哈尔滨市规划土地管理局以哈规土（94拨）字第2号建设用地许可证批准建设用地211.54平方米，建筑面积680平方米的3层建筑。同年5月9日，哈尔滨市规划土地管理局核发给同利公司94（审）1004号"建设工程规划许可证"，批准建筑面积588平方米。同年6月24日，同利公司与汇丰公司共同向规划土地管理局申请扩建改造中央大街108号楼。申请增建4层，面积为1 200平方米。在尚未得到哈尔滨市规划土地管理局答复的情况下，汇丰公司依据同利公司取得的"建设工程规划许可证"，于1994年7月末开始组织施工。至哈尔滨市规划局作出处罚决定前（1996年8月12日），汇丰公司将中央大街108号院内原有2层建筑（建筑面积303.76平方米）拆除，建成地下1层、地面9层（建筑面积3 800平方米）的建筑物，将中央大街108号临街原有3层建筑（建筑面积1 678.21平方米）拆除，建成地下1层、地面临中央大街为6层、后退2.2米为7层和8层、从8层再后退4.4米为9层（建筑面积6 164平方米）的建筑物，两建筑物连为一体。

1996年8月12日，哈尔滨市规划局作出哈规罚决字（1996）第1号行政处罚决定，责令汇丰公司：（1）拆除临街部分的 5 至 9 层,并罚款 192 000 元。(2) 拆除 108 号院内地面 8 至 9 层,并罚款 182 400 元。汇丰公司不服上述处罚决定,向黑龙江省高级人民法院提起行政诉讼。

黑龙江省高级人民法院经审理认定,哈尔滨市规划局处罚显失公正,对市规划局的具体行政行为予以变更,减少了拆除面积,变更了罚款数量。具体判决内容为:(1) 撤销哈尔滨市规划局哈规罚决字(1996)第 1 号行政处罚决定书中第一部分第 1 项和第 2 项的罚款部分;撤销第二部分第 1 项和第 2 项的罚款部分。(2) 维持哈尔滨市规划局哈规罚决字(1996)第 1 号行政处罚决定书第一部分第 2 项的保留部分;维持第二部分第 2 项的保留部分。(3) 变更哈尔滨市规划局哈规罚决字(1996)第 1 号行政处罚决定书对该楼的拆除部分,变更部分为:该楼第 7 层由中央大街方向向后平行拆至 3/2 支撑柱;第 8 层从中央大街方向向后拆至 4 支撑柱;第 7、8、9 层电梯间予以保留,电梯间门前保留一个柱距面积通行道。对该违法建筑罚款 398 480 元。

哈尔滨市规划局不服一审判决,提起上诉。最高人民法院经审理认为,原审判决认定事实基本清楚,适用法律、法规正确,驳回上诉,维持原判。

本案是我国法院依据比例原则这一原理所作出的第一个判决。

本案的主要争议在于大楼拆除的面积。哈尔滨市规划局的目的是保护哈尔滨市中央大街的人文景观，认为应当自上而下拆除大楼6 500平方米才能达到此目的。而法院认为，自上而下拆除200平方米也能够达到此目的。据此，法院以给当事人造成最小的损失来达到管理的目的为原则，作出判决。

比例原则的第四个要求是，采用任何一个措施、手段，其获得的利益必须大于失去的利益，即为了一个大的利益才可以牺牲一个小的利益，而不能为了一个小的利益牺牲一个大的利益。这一要求被称为"利益衡量原则"。任何制度设计、任何执法活动，都必须符合利益衡量原则的要求。实践中，一些领导干部常常说"有错必纠"。这一说法在有些情况下是违反利益衡量原则的。一个错误甚至违法行为是否要纠正，必须视纠正错误或者违法行为所获得的利益与失去的利益之间的关系而定。例如，《行政诉讼法》第74条规定："行政行为有下列情形之一的，人民法院判决确认违法，但不撤销行政行为：（一）行政行为依法应当撤销，但撤销会给国家利益、社会公共利益造成重大损害的……"法院的这一判决类型意味着，行政行为虽然违法，但如果撤销可能造成更大的损害，那么只是确认其违法但不撤销行政行为。

《行政强制法》第19条规定，情况紧急，需要当场实施行政强制措施的，行政执法人员应当在24小时内向行政机关负责人报告,并补办批准手续。行政机关负责人认为不应当采取行政强制措施的,应当立即解除。《行政强制法》第37条规定,在催告期间,对有证据证明有转移或者隐匿财物迹象的,行政机关可以作出立即强制执行决定。《人民警察使用警械和武器条例》第10条规定,人民警察遇有下列情形之一的,不得使用武器:(1)发现实施犯罪的人为怀孕妇女、儿童的,但是使用枪支、爆炸、剧毒等危险物品实施暴力犯罪的除外;(2)犯罪分子处于群众聚集的场所或者存放大量易燃、易爆、剧毒、放射性等危险物品的场所的,但是不使用武器予以制止,将发生更为严重危害后果的除外。该条例第11条规定,人民警察遇有下列情形之一的,应当立即停止使用武器:(1)犯罪分子停止实施犯罪,服从人民警察命令的;(2)犯罪分子失去继续实施犯罪能力的。这些法律条款都是从利益衡量原则出发作出规定的。

实践中,一些国家机关在作出限制或者禁止权利的规定时,表现出较大的随意性。

◎ 东莞市政府取消禁止养猪政策

2008年年底,东莞市副市长在东莞市清理畜禽养殖业污染工作会议上透露,从2009年1月1日起,东莞将在全市范围内禁止养猪。东莞市当时有生猪 75 万头。记者询问时任东莞市市长：2008 年年底传出的"2009 年起东莞全市范围内禁止养猪"的政策，引起了巨大关注和争议。这个政策还会实施吗？市长说，已经取消了！曾经有这个想法但一直没定下来。本来我们认为这个想法是比较符合东莞市的实际的，但后来我们听了很多意见，再根据有关的政策，觉得这个做法不恰当，所以我们就取消这个政策了。

安徽省政府要求烟花爆竹生产企业整体关闭案

2013 年 12 月 27 日，安徽省政府作出皖政办（2013）45 号《安徽省人民政府办公厅转发省安全监管局等部门关于烟花爆竹生产企业整体退出意见的通知》（以下简称《退出意见》）。《退出意见》限定全省现有的 75 家烟花爆竹生产企业必须在 2014 年年底前整体退出，分两批进行。2015 年 4 月 20 日，安徽省合肥市中级人民法院作出一审判决，确认安徽省人民政府作出的要求烟花爆竹企业整体退出的行政行为违法，并要求省政府于判决生效后 60 日内采取相应的补救措施。

在东莞市政府取消禁止养猪政策这一案例中,只要符合法律规定的条件,任何个人或者企业都可以养猪,这属于市场经济下个人或者企业的经营自由。而如果禁止养猪则必须具有充分的理由。东莞市政府全面禁止在东莞市范围内养猪,是在理由不充分的情况下,侵犯了个人或者企业的经营自由。

在安徽省政府要求烟花爆竹生产企业整体关闭案中,现有的75家烟花爆竹生产企业已经依法获得了生产经营许可证,属于合法生产经营。政府要求这些合法生产经营的企业限期整体退出市场,必须具有充分的理由。如果某个企业存在生产安全问题,政府可以责令整改。如果整改仍不合格,政府可以针对特定企业作出吊销生产许可证的决定。如果是作为政府的产业政策,则该政策只应具有指导或者引导作用,而不应具有强制力。安徽省政府强制要求整个行业退出市场,其理由是不充分的。

2. 对人的尊严缺乏尊重和维护

人的尊严是人权的核心,是人类追求的最高价值。可以说,国家存在的目的、一切国家权力运行的目的、宪法和所有的法律制定和实施的目的、国家机关一切工作的目的,其终极意义上的价值即维护人的尊严。维护和尊重人的尊严、使每一个人能够生活得有尊严,是一切的出发点和归宿。

我国现行《宪法》第 38 条规定，中华人民共和国公民的人格尊严不受侵犯。禁止用任何方法对公民进行侮辱、诽谤和诬告陷害。我国历部宪法并没有这一条款的规定，这是我国现行宪法新增加的条款。之所以要增加这一条款，完全是基于"文化大革命"中出现的那些批斗、"坐飞机"、"剃阴阳头"、"挂破鞋"之类的侮辱人格的做法，目的在于避免类似的事情在我国再次发生。这一条款的关键词有两个：一个是"公民"，另一个是"任何方法"。其基本含义有以下三点。

一是任何公民都享有人格尊严，人格尊严是人的绝对自由和权利。即任何人只要是中华人民共和国公民，任何情况下、任何时候在我国都享有人格尊严。换言之，即使是违法分子、犯罪分子，只要他们是公民，就都享有人格尊严，不得对他们进行侮辱、羞辱。他们的违法、犯罪行为已经受到法律的追究，再对他们进行精神上、人格上的羞辱，则违反了宪法上关于人格尊严不受侵犯的规定。

二是任何公民的人格尊严是完全相同的。决不能因为公民在身份、地位、金钱等方面的差异，而存在人格尊严上的区别。一些部门在确定标准时，区分出口标准与国内标准，即出口标准严于国内标准。这一做法即将中国人与外国人在人格尊严上划分出等级，是违背任何人的人格尊严是完全相同的这一含义的。

三是享有人格尊严并不能依照人数上的多寡。即一个人的尊严与多数人的尊严是完全相同的，不能牺牲一个人的尊严而保全多数人的尊严。尊严的主体是个人，多数人的尊严也是一个个人的尊严，不能将多数人的尊严进行相加。通过牺牲个人或者少数人的尊严而保全多数人尊严的思维，并不是把个人或者少数人当作主体予以尊重和保护，而是把个人或者少数人当作保全多数人的客体予以对待的。在这一意义上，这是违背人是宪法上的主体的价值的。德国《航空安全保障法》于2005年1月15日开始正式生效，根据该法律，德国可以出动战斗机击落被恐怖分子劫持的客机。该法律是为吸取美国"9·11"恐怖事件的教训而制定的，目的是防止被劫持的飞机撞向大楼等高层建筑所造成的二次威胁。该法律规定，如果被劫持客机要进一步夺取人命，为了防止此事发生，在别无他法时，联邦国防军可以出动战斗机将之击落。击落指令原则上只能由国防部长下达。因为击落飞机，必然要牺牲无辜人质及机组人员，所以该法事实上为国家夺取人命赋予了"正当理由"。该法律于2006年被德国联邦宪法法院宣布无效。其基本理由是，人是一切的目的而不能是手段。

作为人格尊严具体化的人格权,民法典作出了明确的列举性规定。我国民法典与其他国家的民法典相比较,在体系上的最大亮点是人格权单独成编。《民法典》第990条第1款规定,人格权是民事主体享有的生命权、身体权、健康权、姓名权、名称权、肖像权、名誉权、荣誉权、隐私权等权利。第2款规定,除前款规定的人格权外,自然人享有基于人身自由、人格尊严产生的其他人格权益。第991条规定,民事主体的人格权受法律保护,任何组织或者个人不得侵害。第992条规定,人格权不得放弃、转让或者继承。

各地公检法机关召开公捕公判大会

2016年3月16日,四川省阆中市人民法院在阆中市江南镇举行公开宣判大会。集中宣判一起妨害公务案,8名被告讨薪农民工分别被判处6~8个月不等有期徒刑,其中两名被宣告缓刑。2014年10月17日,湖南省华容县召开全县公捕公判大会。公开拘留、逮捕了16名犯罪嫌疑人,判决了8名犯罪分子。2015年6月26日,广东省陆丰市召开国际禁毒日万人公开宣判大会,汕尾市中级人民法院、陆丰市人民法院对38名毒品犯罪人员进行公开宣判，13名毒犯被判处死刑，其中5人被执行死刑立即执行、8人被判处死刑缓期二年执行。2015年10月26日，海南省定安县人民法院在定安实验中学召开公判大会，对两名构成贩卖毒品罪、容留他人吸毒罪的犯罪分子予以公开宣判。2015年12月21日，在山西省泾阳县泾湖公园北广场严厉打击刑事犯罪公开处理大会上，15名被告人被人民法院公开宣判。

多地警方将卖淫女游街示众

2006年11月29日，深圳福田警方召开两场公开处理大会，百名皮条客、"妈咪"、站街招嫖女、嫖客等涉黄人员被处理。在公开处理现场，警方宣读犯罪人员所涉罪行，然后读出各人的姓名、出生日期和籍贯。每读出一人的资料，警察便押身边的犯人踏前一步确认身份，然后押回车上载走。现场有逾千人围观。另外，还有昆明警方扫黄逼站街女下跪、东莞警方绳牵卖淫女游街等事件发生。

依据我国刑事诉讼法的规定，未经人民法院依法判决，对任何人都不得确定有罪。采用公开逮捕方式,既违背了无罪推定原则,也给当事人造成了人格上的侮辱。采用召开群众大会的方式公开宣判,违反了法律关于公开宣判的规定,侮辱了被告人的人格。

在我国法律上,卖淫行为属于违法行为。那么,依照相应的法律规定对该违法行为追究其法律责任即可。卖淫女仍然有人的尊严。任何人的行为违反了法律,必须依据法律相应规定追究其法律责任,但不可以"任何方法"侵犯其人格尊严。公权力存在和运行的终极目的在于尊重和保障人的尊严,宪法条款的效力首先是公权力自身必须尊重人的尊严。

第三讲 宪法和法律至上思维

习近平总书记在中央全面依法治国委员会工作会议上指出,党领导人民制定宪法法律,领导人民实施宪法法律,党自身要在宪法法律范围内活动。全国各族人民、一切国家机关和武装力量、各政党和各社会团体、各企业事业组织,都必须以宪法为根本的活动准则,都负有维护宪法尊严、保证宪法实施的职责。坚持依宪治国、依宪执政,就包括坚持宪法确定的中国共产党领导地位不动摇,坚持宪法确定的人民民主专政的国体和人民代表大会制度的政体不动摇。

十九届四中全会决定要求,坚持宪法法律至上,健全法律面前人人平等保障机制,维护国家法制统一、尊严、权威,一切违反宪法法律的行为都必须予以追究。

党的十九大报告要求,维护国家法制统一、尊严、权威。树立宪法法律至上、法律面前人人平等的法治理念。各级党组织和全体党员要带头尊法学法守法用法,任何组织和个人都不得有超越宪法法律的特权，绝不允许以言代法、以权压法、逐利违法、徇私枉法。加强宪法实施和监督，推进合宪性审查工作，维护宪法权威。完善以宪法为核心的中国特色社会主义法律体系，建设中国特色社会主义法治体系，建设社会主义法治国家。

党的十八届三中全会决定指出，要维护宪法法律权威。宪法是保证党和国家兴旺发达、长治久安的根本法，具有最高权威。要进一步健全宪法实施监督机制和程序，把全面贯彻实施宪法提高到一个新水平。建立健全全社会忠于、遵守、维护、运用宪法法律的制度。坚持法律面前人人平等，任何组织或者个人都不得有超越宪法法律的特权，一切违反宪法法律的行为都必须予以追究。十八届四中全会决定指出，宪法是党和人民意志的集中体现，是通过科学民主程序形成的根本法。坚持依法治国首先要坚持依宪治国，坚持依法执政首先要坚持依宪执政。全国各族人民、一切国家机关和武装力量、各政党和各社会团体、各企业事业组织，都必须以宪法为根本的活动准则，并且负有维护宪法尊严、保证宪法实施的职责。一切违反宪法的行为都必须予以追究和纠正。

《宪法》第5条规定，中华人民共和国实行依法治国，建设社会主义法治国家。国家维护社会主义法制的统一和尊严。一切法律、行政法规和地方性法规都不得同宪法相抵触。一切国家机关和武装力量、各政党和各社会团体、各企业事业组织都必须遵守宪法和法律。一切违反宪法和法律的行为，必须予以追究。任何组织或者个人都不得有超越宪法和法律的特权。

法治首先是规则之治，即规则必须具有权威。一切国家权力均来自宪法法律的授予；一切国家权力均在宪法和法律之下；一切组织和个人均在宪法法律之下。换言之，规则在一个国家和社会中处于至上的地位。近代以来，规则主要表现为宪法和法律。规则至上即宪法和法律至上。

法治其次是良法之治，即规则必须具有正当性、合理性、符合人性，规则必须能够兼顾不同的利益。党的十八届四中全会决定指出，良法是善治之前提。而要保证规则符合良法的要求，必须使所有的社会规则符合宪法理念、精神、基本原则和规范内涵。

规则之治和良法之治的基本前提是规则的统一性。在一国之内，只能有一套规则体系，而且在这一套规则体系内部必须是统一的。当前，我国已形成以宪法为核心的中国特色的社会主义法律体系。

一、统一权威的规则体系是国家治理现代化的首要要求

众所周知，任何社会都必须要有秩序，而秩序的形成

和维持均依赖治理规则，没有治理规则即没有秩序。从这一意义上说，如果一个社会的治理规则是统一的，秩序即是统一的；治理规则是统一的，治理规则就可能是稳定和确定的，秩序即是稳定和确定的；治理规则具有权威性并受到尊重，秩序即受到尊重而稳定。反之，如果一个社会的治理规则是不统一的，秩序即是不统一的；治理规则不统一，治理规则就不可能稳定和确定，秩序也就不可能稳定和确定；治理规则受不到尊重，秩序也就不可能受到尊重而稳定。

我国社会目前在治理规则上至少存在三大问题：

一是治理规则不统一，政出多门。有学者认为，中国社会存在五套治理规则。笔者认为，至少存在两套治理规则：一套为宪法、法律、法规、规章；另一套为重要报告、重要讲话、重要批示。两套治理规则之间不完全一致，在两套治理规则不一致时，往往以第二套治理规则为准。同时，两套治理规则内部也不完全统一。就第一套治理规则而言，法律、法规、规章违反宪法如何处理，法规、规章违反法律如何处理？在制度上，设计了两套机制保证其统一性，即合宪性审查和合法性审查。就第二套治理规则而言，在政治权力运行过程中，我们时常会听到这样两句牢骚，即"上有政策，下有对策"和"政令不出中南海"。当对策与政策不一致时,通过何种机制以保证它们之间的一致性?当"政令不出中南海"时,如何保障中央的政令能够畅通无阻?

二是治理规则不稳定、多变。40多年来,我国社会一直处于改革开放过程之中,目前又正处于全面深化改革过程之中,改革的过程就是国家治理和社会治理的探索、摸索过程,治理规则主要表现为政策形态而非法律形态,因此,不稳定、多变是可以理解的。但是,治理规则变化的程序过于简单化,治理规则何时会发生变化令人不可捉摸,变化的频率之快令人难以适从。

三是治理规则的变化并不具有确定性和规律性。社会发展的方向是什么、发展的步骤是什么并不清晰,因此人们对于治理规则变化的方向无法确定,对未来也就不具有合理的预期。

我国社会的治理规则所存在的上述三大缺陷中,最突出的是治理规则的不统一。因为治理规则不统一,影响着治理规则的稳定性、确定性,导致秩序不统一、不稳定、不确定。

正因为治理规则的这些缺陷,我国社会为此付出了巨大的、无谓的成本。无疑,因为非常信奉"天道酬勤",所以中华民族在当今人类各民族中,完全可以自豪地说是最勤劳的民族之一。但是，我们是否已经过上了与自己的勤劳程度相当的幸福生活了呢？回答应当是否定的。之所以有如此之大的反差，是因为社会治理规则的缺陷，导致或者是一部分的勤劳属于无效劳动，或者是勤劳所得的相当一部分成果被白白地消耗掉了。突出表现是国家治理和社会治理成本太高。党的十八届四中全会决定提出，依法治国，是坚持和发展中国特色社会主义的本质要求和重要保障，是实现国家治理体系和治理能力现代化的必然要求，事关我们党执政兴国，事关人民幸福安康，事关党和国家长治久安。全面建成小康社会、实现中华民族伟大复兴的中国梦，全面深化改革、完善和发展中国特色社会主义制度，提高党的执政能力和执政水平，必须全面推进依法治国。可见，我国目前的国家治理规则体系的现状已经严重影响了国家治理现代化、党的执政能力和执政水平。治理成本太高的主要表现如下。

1. 社会运行成本太高

由于治理规则太多、不统一，当出现一件具体的事项时，执行规则的人既可以按照这个规则办事，也可以按照那个规则办事，选择余地比较大，"寻租"的可能性也就比较大。经常可以听到关于国人规则意识差的批评，而规则意识差的主要原因在于，执行规则的人选择空间太大。当事人不知道将按照哪一个规则处理，有权处理者可以选择诸多规则中的某项规则进行处理。这样，当规则对当事人有利时，当事人担心可能不按照规则处理；当规则对当事人不利时，当事人希望不要按照规则办事，当事人为了获得最佳的结果，只能求助于有权处理者，即表现为中国人办事时普遍存在的"万事求人"现象。可以说，任何国人都有求人的经历，甚至要办理任何事情都必须求人。而求人的精神成本、经济成本和时间成本是可想而知的，也是人人皆知的。

2. 社会成员的精神成本过高

今天的国人普遍表现出"精神焦虑"的状况，不同社会阶层都非常焦虑，只是各自的焦虑不同而已，可谓"人人焦虑"。之所以精神焦虑，是因为社会资源总体上是有限的，再加上分配资源的规则不确定、多变，而自己能否从有限的社会资源中分得一部分、能够分到多少，人们不得而知，必然忐忑不安；即使已经分得了社会资源，但规则的变动不居，使其有可能失去这些已经到手的资源，因此安全感不强。习近平总书记对法治的基本功能作出了精辟的论述："固根本、稳预期、利长远"。其中，稳预期是法治和法治社会的关键。

因为精神焦虑，今天的国人普遍表现为神情不安、脾气急躁、急功近利、情绪冲动、火气大，一点儿小事即发生争吵，一言不合即发生争执。因为精神焦虑，今天的国人遇事总是急匆匆，由此出现了独有的"中国式过马路"现象。中国的行人之所以冒着生命危险闯红灯，笔者认为，其主要原因是，残酷的社会现实告诉人们，规则是经常变化的，按照某个规则，利益是属于自己的，但是，如果晚了一步，规则变化了，利益就是属于他人的了。因此，任何情况下，都必须往前赶。当行人站在交通路口时，内心里有一种无形的、有力的声音在告诉他，有一种力量在驱使他，不管快一分钟过马路有没有好处，都必须尽快过马路。因为精神焦虑，今天的国人中已经很少有人能够安心、安静地读书了，中国人的阅读量已经处于世界倒数位置。特别是那些理论性、思想性的书籍，已经较少有人问津了。由此可以想象，中国未来在世界上的竞争力如何。

3. 公务员的工作成本过高、工作风险和法律风险太大

众所周知，我国公务员的工作状态普遍为"白加黑、五加二"。可见，劳动法实际上是不适用于公务员的，公务员付出的劳动时间长度和劳动强度是巨大的。习近平总书记在2015年的新年贺词中曾说，我们的各级干部也是蛮拼的。"蛮拼的"三个字，其中包含了公务员在工作时间上的辛苦。2017年1月，新华社和人民日报发专文批评公务员

"白加黑、五加二"的工作状态。但批评"白加黑、五加二"的工作状态,并不能改变这种状况。公务员"白加黑、五加二"的工作内容主要是"文山会海"。那么,为什么会有如此巨量的"文山会海"?其基本原因仍然是规则太多、规则多变、规则变化方向不定。当工作中出现一个具体的事项时,具体的工作人员不知道应当按照哪个规则去处理,也不敢按照已有的规则去处理,因此,需要通过开会讨论以确定处理的规则。有时,本机关会议难以确定处理的规则,需要请示上级;上级会议仍然难以确定处理的规则,又要向更高的上级请示。上级终于经过会议研究确定了处理的规则以后,再一级一级经过会议向下传达文件。因为规则不统一、不稳定、不确定,上级不得不通过文件及领导的批示,统一思想、统一认识、统一规则、统一做法。

可以设想,如果我国社会只有一套统一的规则,规则的修改必须经过严格的程序,人人都在规则之下,只能按照这一套规则处理工作和事务,一个具体办事的公务员就有权决定如何办理,又何须"文山会海"呢?另外,公务员每天陷入"文山会海"之中,付出了巨大的、艰辛的劳动,其工作成果却并不完全被民众所认同。民众到国家机关办事,普遍的感受仍然是办事难、手续烦琐、程序复杂。

在我国两套规则体系的现状下,表面上看,最大的受益者是手握权力的领导和执法者。因为他们既可以依法办事，也可以依批示办事，在两套规则体系之间游刃有余，权力空间极大，所以，"寻租"的空间也就很大。但是，说到底，两套规则体系并存的最大的受害者亦是这些领导和执法者。一方面，公务员"白加黑、五加二"工作状态的根本原因即在于此；另一方面，领导和执法者在管理过程中可以在两套规则之间进行选择，但纪检监察部门和司法机关在追究责任时却是根据一套规则，即法律规则，而非两套规则。例如，在工作中可以按照批示办事，但在追究责任时却是仅依据法律而非依据批示作出判断。

全面深化改革的总目标是实现国家治理体系和国家治理能力的现代化，而国家治理现代化首先必须实现国家治理规则体系的现代化。国家治理规则体系现代化的基本标志即是国家治理规则体系的统一性、权威性和稳定性。在我国国家治理规则的现状下，如何形成统一、权威和稳定的国家治理规则体系，必然是一项十分艰巨的任务和挑战，但又是必须完成的一项任务。

规则之治和良法之治的基本前提是治理规则的统一性。

首先，国家治理规则必须是"单轨制"，而不能是"双轨制"甚至是"多轨制"。在奉行人民主权原则的国家，只有由人民所选举而产生的代表机关，经过法定程序制定的法律文件，才具有法律效力，才具有约束人民的强制力。在我国，宪法、法律、行政法规、地方性法规、规章具有这样的特征，只有这些法律文件才具有法律效力，才能成为约束人民行为的规范。除此之外的一切文件均不具有法律效力，不能成为直接约束人民行为的规范。换言之，其他文件均必须符合宪法、法律、法规、规章，或者这些文件必须由人民的代表机关经过法定程序进行转换，成为体现国家意志的法律文件。

其次，"单轨制"内部不同的法律文件必须是统一的。所有的法律文件都必须符合宪法，以宪法为依据和基础而形成。保证统一性的机制主要有合宪性审查和合法性审查；保证宪法权威的机制是宪法实施，保证法律权威的机制主要是审判独立。

二、宪法至上：宪法实施

习近平总书记明确指出："领导干部都要牢固树立宪法法律至上、法律面前人人平等、权由法定、权依法使等基本法治观念，对各种危害法治、破坏法治、践踏法治的行为要挺身而出、坚决斗争。"十九届四中全会决定要求，坚持宪法法律至上，健全法律面前人人平等保障机制，维护国家法制统一、尊严、权威，一切违反宪法法律的行为都必须予以追究。法律是依据宪法和以宪法为基础制定的，法律必须符合宪法才具有法律效力。因此，宪法法律至上中，核心的是宪法至上。

我国现行《宪法》序言规定，本宪法以法律的形式确认了中国各族人民奋斗的成果，规定了国家的根本制度和根本任务，是国家的根本法，具有最高的法律效力。第5条规定，一切法律、行政法规和地方性法规都不得同宪法相抵触。一切国家机关和武装力量、各政党和各社会团体、各企业事业组织都必须遵守宪法和法律。一切违反宪法和法律的行为，必须予以追究。任何组织或者个人都不得有超越宪法和法律的特权。

一个国家、一个社会必须有一个最高规则，而且只能有一个最高规则。这个最高规则如果是宪法，则这个国家即为法治国家，这个社会即为法治社会。

要维护宪法的权威，必须全面实施宪法。制宪的目的在于行宪。正如习近平总书记在纪念现行宪法公布施行30周年大会上的讲话所指出的，宪法的生命在于实施，宪法的权威也在于实施。党的十八届四中全会决定指出，加强宪法实施，健全宪法解释程序机制。

宪法实施主要有两种基本方式。

一是依据宪法设立国家机构体系，宪法在不同国家机关之间分配国家权力，不同国家机关依据宪法各自行使国家权力。我国现行《宪法》第3条规定，中华人民共和国的国家机构实行民主集中制的原则。全国人民代表大会和地方各级人民代表大会都由民主选举产生，对人民负责，受人民监督。国家行政机关、监察机关、审判机关、检察机关都由人民代表大会产生，对它负责，受它监督。中央和地方的国家机构职权的划分，遵循在中央的统一领导下，充分发挥地方的主动性、积极性的原则。《宪法》第三章国家机构具体规定了我国国家机构体系中不同国家机关的性质、地位、领导体制、任期、产生、组成、职权、与其他国家机关的关系、上下级国家机关之间的关系。在法治国家，所有国家机关都必须依据宪法而设立，以保证其合法性和正当性。因此，在宪法制定、修改以后，依据宪法实际设立了我国的国家机构体系，这些国家机关也依据宪法上的权力分配，各自行使自己的职权。

基于反腐败的需要，国家机构体系中必须增加监察委员会的设置。因此，全国人大常委会于2016年作出在北京市、山西省、浙江省开展国家监察体制改革试点工作的决定，又于2017年作出在全国各地推开国家监察体制改革试点工作的决定，以保证试点地区设立的监察委员会的合法性。全国人大于2018年通过宪法修正案，在国家机构体系中增加了"监察委员会"的设置。通过宪法修改,"监察委员会"这一新的国家机关获得了合法性和正当性,再依据宪法制定作为组织法和程序法性质的《监察法》,监察委员会依据宪法和监察法行使自己的权力。

二是宪法适用,即有权机关适用宪法处理国家生活和社会生活中的事务,包括直接适用与间接适用。所谓直接适用,是指有权机关直接依据宪法处理国家生活和社会生活中的重大事务;所谓间接适用,是指有权机关依据体现宪法精神的法律处理事务。宪法适用是宪法实施的最重要的方式。

(一)宪法适用的基本原则

宪法适用的基本原则是穷尽法律适用,这也是区分宪法作用与法律作用的界限、区分违宪与违法的界限。根据公权力的公定力原理,法律通过以后,虽然存在合宪与违宪两种可能性,但在合宪性审查机关作出撤销决定之前,一律被推定为合宪。既然法律一经通过即被推定为合宪,即具有法律效力,那么所有的国家机关和个人都必须遵守。因此,在有法律规定的情况下,必须优先适用法律而不能或者不需要适用宪法。只有在法律的合宪性存在争议的情况下,或者没有法律规定的情况下,才需要直接适用宪法。

实践中,公权力机关的某个行为经常被质疑不符合宪法，实际上这是一种误解。在有法律的情况下，判断公权力机关行为的标准首先应该是法律，而不是宪法。所以，公权力行为首先违反的是法律而不是宪法。

违宪与违法是两个完全不同的概念。违宪是指直接违反宪法，所要承担的是宪法责任，需要实施的是宪法制裁。宪法的基本功能是规范公权力，因此宪法责任或者宪法制裁的对象是公权力，其具有特殊的形式，主要是撤销违反宪法的法律文件，宣布违反宪法的法律文件无效，拒绝适用违反宪法的法律文件，不予批准违反宪法的法律文件，罢免或者弹劾国家领导人等。违法是指直接违反法律，所要承担的是法律责任，需要实施的是法律制裁。法律责任或者法律制裁的主要形式是民事责任、行政责任和刑事责任。

有学者把违宪区分为直接违宪与间接违宪。所谓直接违宪，是指直接违反宪法；所谓间接违宪，是指因违反法律而违反宪法，本质上属于违法。这一区分的意义在于，宪法的效力高于法律的效力，法律只有符合宪法才具有效力，法律是宪法的具体化，在法律符合宪法的前提下，违反了法律当然也就违反了宪法。在宪法上所说的违宪是指直接违宪，而不包括间接违宪，因为间接违宪属于违法的范畴。

(二) 宪法的直接适用

宪法的直接适用是指有权的国家机关直接依据宪法作出宪法行为。宪法行为包括直接依据宪法作出的立法行为和直接依据宪法作出的具体行为。

1. 立法行为

立法行为是宪法直接适用的主要表现。立法行为即依据宪法和法律的立法授权，制定法律、行政法规、地方性法规、经济特区授权法规、自治条例和单行条例、规章的行为。依据宪法和立法法的规定，全国人大和全国人大常委会行使国家立法权。其中，全国人大制定和修改刑事、民事、国家机构的和其他的基本法律。全国人大常委会制定和修改除应当由全国人大制定的法律以外的其他法律；在全国人大闭会期间，对全国人大制定的法律进行部分补充和修改，但是不得同该法律的基本原则相抵触（香港基本法和澳门基本法的修改除外）。同时，下列事项只能由全国人大或者全国人大常委会制定法律：（1）国家主权的事项；（2）各级人民代表大会、人民政府、人民法院和人民检察院的产生、组织和职权；（3）民族区域自治制度、特别行政区制度、基层群众自治制度；（4）犯罪和刑罚；（5）对公民政治权利的剥夺、限制人身自由的强制措施和处罚；（6）税种的设立、税率的确定和税收征收管理等税收基本制度；（7）对非国有财产的征收、征用；（8）民事基本制度；（9）基本经济制度以及财政、海关、金融和外贸的基本制度；（10）诉讼和仲裁制度；（11）必须由全国人大及其常委会制定法律的其他事项。这些事项尚未制定法律的，全国人大及其常委会有权作出决定，授权国务院可以根据实际需要，对其中的部分事项先制定行政法规，但是有关犯罪和刑罚、对公民政治权利的剥夺和限制人身自由的强制措施和处罚、司法制度等事项除外。授权决定应当明确授权的目的、事项、范围、期限以及被授权机关实施授权决定应当遵循的原则等。授权的期限不得超过5年，但是授权决定另有规定的除外。被授权机关应当在授权期限届满的6个月以前，向授权机关报告授权决定实施的情况，并提出是否需要制定有关法律的意见；需要继续授权的，可以提出相关意见，由全国人大及其常委会决定。授权立法事项，经过实践检验，制定法律的条件成熟时，由全国人大及其常委会及时制定法律。法律制定后，相应立法事项的授权终止。被授权机关应当严格按照授权决定行使被授予的权力。被授权机关不得将被授予的权力转授给其他机关。

国务院根据宪法和法律，制定行政法规。行政法规可以就下列事项作出规定：（1）为执行法律的规定需要制定行政法规的事项；（2）《宪法》第89条规定的国务院行政管理职权的事项。应当由全国人大及其常委会制定法律的事项，国务院根据全国人大及其常委会的授权决定先制定的行政法规，经过实践检验，制定法律的条件成熟时，国务院应当及时提请全国人民代表大会及其常务委员会制定法律。

省、自治区、直辖市的人大及其常委会根据本行政区域的具体情况和实际需要，在不同宪法、法律、行政法规相抵触的前提下，可以制定地方性法规。设区的市的人大及其常委会根据本市的具体情况和实际需要，在不同宪法、法律、行政法规和本省、自治区的地方性法规相抵触的前提下，可以对城乡建设与管理、环境保护、历史文化保护等方面的事项制定地方性法规，法律对设区的市制定地方性法规的事项另有规定的，从其规定。设区的市的地方性法规须报省、自治区的人大常委会批准后施行。省、自治区的人大常委会对报请批准的地方性法规，应当对其合法性进行审查，同宪法、法律、行政法规和本省、自治区的地方性法规不抵触的，应当在4个月内予以批准。

经济特区所在地的省、市的人大及其常委会根据全国人大的授权决定，制定法规，在经济特区范围内实施。

民族自治地方的人大有权依照当地民族的政治、经济和文化的特点，制定自治条例和单行条例。自治区的自治条例和单行条例，报全国人大常委会批准后生效。自治州、自治县的自治条例和单行条例，报省、自治区、直辖市的人大常委会批准后生效。自治条例和单行条例可以依照当地民族的特点，对法律和行政法规的规定作出变通规定，但不得违背法律或者行政法规的基本原则，不得对宪法和民族区域自治法的规定以及其他有关法律、行政法规专门就民族自治地方所作的规定作出变通规定。

国务院各部、委员会、中国人民银行、审计署和具有行政管理职能的直属机构，可以根据法律和国务院的行政法规、决定、命令，在本部门的权限范围内，制定规章。部门规章规定的事项应当属于执行法律或者国务院的行政法规、决定、命令的事项。没有法律或者国务院的行政法规、决定、命令的依据，部门规章不得设定减损公民、法人和其他组织权利或者增加其义务的规范，不得增加本部门的权力或者减少本部门的法定职责。

省、自治区、直辖市和设区的市、自治州的人民政府，可以根据法律、行政法规和本省、自治区、直辖市的地方性法规，制定规章。

由上可见，我国的立法体系包括宪法、法律、行政法规、地方性法规、经济特区授权法规、自治条例和单行条例、规章。而法律、行政法规、地方性法规、经济特区授权法规、自治条例和单行条例、规章均是依据宪法制定的，都不得与宪法相抵触。因此，绝大多数法律的第1条明确规定，本法依据宪法制定。即使法律没有明确规定依据宪法而制定，实际上也是依据宪法制定的。

法律、行政法规、地方性法规、经济特区授权法规、自治条例和单行条例、规章必须以宪法的理念、精神、原则和规范为依据和基础而制定。这样，才能形成统一的国家治理和社会治理的规则体系，才能形成统一的宪法秩序。

党的十八届四中全会决定指出，在立法工作中还存在一些不足和有待完善的问题：（1）有的法律法规未能全面反映客观规律和人民意愿，针对性、可操作性不强，立法工作中部门化倾向、争权诿责现象较为突出。（2）应当加强重点领域立法。依法保障公民权利，加快完善体现权利公平、机会公平、规则公平的法律制度，保障公民人身权、财产权、基本政治权利等各项权利不受侵犯，保障公民经济、文化、社会等各方面权利得到落实，实现公民权利保障法治化。（3）增强全社会尊重和保障人权意识，健全公民权利救济渠道和方式。

针对这些问题，党的十八届四中全会决定指出，要通过科学立法、民主立法、人大主导立法、民众参与立法、第三方评估,以保证每一项立法都体现宪法精神。

2. 具体宪法行为

作出具体的宪法行为是宪法直接适用的另一个重要表现。具体的宪法行为即国家机关直接依据宪法,针对国家生活中的问题作出决定、决议的行为。它与立法行为的不同之处在于,立法行为具有普遍的、一般的效力,而具体的宪法行为仅具有个别效力,只是对所针对的具体事项有效。

依据宪法设立了我国的国家机构体系。宪法规定了国家机构的组织和活动原则;规定了不同国家机关的性质、地位及职权;规定了同一性质的国家机关之间的关系;规定了不同性质的国家机关之间的关系。依据宪法实际设立国家机构体系,即所有的国家机关的设立都必须具有宪法上的根据,都是依据宪法设立的。所有的国家机关都必须遵循宪法规定的组织和活动原则。所有的国家机关都必须在宪法规定的性质、地位及职权范围内行使自己的权力。所有的国家机关都必须依据宪法处理与其他国家机关之间的关系。例如,宪法规定,我国的国家机构体系包括国家权力机关、国家行政机关、国家监察机关、国家审判机关、国家检察机关及军事机关,香港和澳门特别行政区根据授权设立特殊的政权机关体系;国家权力机关又分为最高国家权力机关和地方各级国家权力机关，国家行政机关又分为最高国家行政机关和地方各级行政机关，国家监察机关又分为最高监察机关和地方各级监察机关，国家审判机关又分为最高审判机关和地方各级审判机关，国家检察机关又分为最高检察机关和地方各级检察机关。宪法规定，我国国家机构的组织和活动原则是民主集中制原则、为人民服务原则、精简和效率原则、责任制原则，所有国家机关必须按照这些原则进行组织和活动。宪法规定，国家权力机关产生其他国家机关的组成人员，并有权对这些国家机关进行监督，这些国家机关必须对国家权力机关负责并报告工作。宪法规定，人民法院、人民检察院、公安机关办理刑事案件，应当互相分工、互相配合、互相制约。此三机关在办理刑事案件时必须严格按照这一原则行使各自的职权，以保证准确地定罪量刑，防止冤假错案的发生。

《宪法》第62条规定，全国人大行使下列职权：……（2）监督宪法的实施；……（4）选举中华人民共和国主席、副主席；（5）根据中华人民共和国主席的提名，决定国务院总理的人选；根据国务院总理的提名，决定国务院副总理、国务委员、各部部长、各委员会主任、审计长、秘书长的人选；（6）选举中央军事委员会主席；根据中央军事委员会主席的提名，决定中央军事委员会其他组成人员的人选；(7) 选举国家监察委员会主任；(8) 选举最高人民法院院长；(9) 选举最高人民检察院检察长；(10) 审查和批准国民经济和社会发展计划和计划执行情况的报告；(11) 审查和批准国家的预算和预算执行情况的报告；(12) 改变或者撤销全国人民代表大会常务委员会不适当的决定；(13) 批准省、自治区和直辖市的建置；(14) 决定特别行政区的设立及其制度；(15) 决定战争和和平的问题；(16) 应当由最高国家权力机关行使的其他职权。第63条规定，全国人民代表大会有权罢免下列人员：(1) 中华人民共和国主席、副主席；(2) 国务院总理、副总理、国务委员、各部部长、各委员会主任、审计长、秘书长；(3) 中央军事委员会主席和中央军事委员会其他组成人员；(4) 国家监察委员会主任； (5) 最高人民法院院长；(6) 最高人民检察院检察长。全国人大行使这些权力就是直接依据宪法进行的。

《宪法》第67条规定，全国人大常委会行使下列职权：(1) 解释宪法，监督宪法的实施；……(5) 在全国人大闭会期间，审查和批准国民经济和社会发展计划、国家预算在执行过程中所必须作的部分调整方案；(6) 监督国务院、中央军事委员会、国家监察委员会、最高人民法院和最高人民检察院的工作；(7) 撤销国务院制定的同宪法、法律相抵触的行政法规、决定和命令；(8)撤销省、自治区、直辖市国家权力机关制定的同宪法、法律和行政法规相抵触的地方性法规和决议；(9)在全国人大闭会期间，根据国务院总理的提名，决定部长、委员会主任、审计长、秘书长的人选；(10)在全国人大闭会期间，根据中央军事委员会主席的提名，决定中央军事委员会其他组成人员的人选；(11)根据国家监察委员会主任的提请，任免国家监察委员会副主任、委员；(12)根据最高人民法院院长的提请，任免最高人民法院副院长、审判员、审判委员会委员和军事法院院长；(13)根据最高人民检察院检察长的提请，任免最高人民检察院副检察长、检察员、检察委员会委员和军事检察院检察长，并且批准省、自治区、直辖市的人民检察院检察长的任免；(14)决定驻外全权代表的任免；(15)决定同外国缔结的条约和重要协定的批准和废除；(16)规定军人和外交人员的衔级制度和其他专门衔级制度；(17)规定和决定授予国家的勋章和荣誉称号；(18)决定特赦；(19)在全国人民代表大会闭会期间，如果遇到国家遭受武装侵犯或者必须履行国际间共同防止侵略的条约的情况，决定战争状态的宣布；(20)决定全国总动员或者局部动员；(21)决定全国或者个别省、自治区、直辖市进入紧急状态；(22)全国人大授予的其他职权。全国人大常委会行使这些权力也是直接依据宪法进行的。

《宪法》第 80 条规定，中华人民共和国主席根据全国人大的决定和全国人大常委会的决定，公布法律，任免国务院总理、副总理、国务委员、各部部长、各委员会主任、审计长、秘书长，授予国家的勋章和荣誉称号，发布特赦令，宣布进入紧急状态，宣布战争状态，发布动员令。第 81 条规定，中华人民共和国主席代表中华人民共和国，进行国事活动，接受外国使节；根据全国人大常委会的决定，派遣和召回驻外全权代表，批准和废除同外国缔结的条约和重要协定。第 82 条规定，中华人民共和国副主席协助主席工作。中华人民共和国副主席受主席的委托，可以代行主席的部分职权。第 83 条规定，中华人民共和国主席、副主席行使职权到下届全国人大选出的主席、副主席就职为止。第 84 条规定，中华人民共和国主席缺位的时候，由副主席继任主席的职位。中华人民共和国副主席缺位的时候，由全国人大补选。中华人民共和国主席、副主席都缺位的时候，由全国人大补选；在补选以前，由全国人大常委会委员长暂时代理主席职位。国家主席行使这些权力及国家主席缺位时的补缺等，都是直接依据宪法进行的。

宪法规定，全国人大常委会委员长、副委员长，国务院总理、副总理、国务委员，国家监察委员会主任，最高人民法院院长、最高人民检察院检察长连续任职不得超过两届。这一规定就是这些领导人任职限制的直接宪法依据。

当然，在宪法直接适用中也存在一些需要改进的地方。例如，所有行使国家权力的国家机关的设立都必须具有宪法上的依据，在宪法设计的国家机构体系之外不得设立任何其他国家机关，宪法设计的国家机构体系之外的任何组织都不得行使国家权力。但是，实践中，在没有宪法依据的情况下，一些国家机关设立了一些临时性的机构，某些国家机关设立了一些附属性的机构，这些机构也行使国家权力。又如，某些应当由人大行使的国家权力，实际上由人大常委会行使。再如，某些应当由国家权力机关行使的国家权力，实际上由行政机关行使。还如，宪法上规定的人大代表或者人大常委会委员行使的对"一府一委两院"的监督权和监督方式，如质询权、成立特定问题调查委员会等，在实践中较为罕见。

3. 宪法能否作为法院的直接裁判依据？

宪法能否作为法院的直接裁判依据，是宪法直接适用中的一个有争议的重要问题。司法活动的主要内容为两项，即在运用证据查明案件事实的基础上，选择最恰当的法律规范作为裁判依据，作出裁判。法院在选择适用最恰当的法律规范时，可能涉及是否适用宪法的问题。最高人民法院在关于案件审理依据能否适用宪法的问题上，一共发布过四个文件：(1) 1955 年《关于在刑事判决中不宜援引宪法作论罪科刑的依据的批复》①；(2) 1986 年关于法院审理案件时能够适用的法律依据的肯定式规定中没有列举宪法（现已失效）②；(3) 2008 年向全国各级法院发布的通知中明确规定，法院的判决书中不得引用宪法；(4) 2016 年 6 月 28 日发布的《人民法院民事裁判文书制作规范》中规定，裁判文书不得引用宪法作为裁判依据，但其体现的原则和精神可以在说理部分予以阐述。学者对于最高人民法院文件的含义及其能否规定这些内容，均存在极大的争议。法院在审理案件中，涉及是否需要直接适用宪法，有以下几

---

① 1955 年 7 月 30 日最高人民法院研字第 11298 号对当时新疆省高级人民法院的请求作出批复：在刑事判决中，宪法不宜引为论罪科刑的依据。反对者认为，这一批复只是说宪法不宜引为论罪科刑的依据，并没有说在民事、经济和行政等判决中不可以引用宪法，也没有说在刑事诉讼中不可以适用宪法。王振民．我国宪法可否进入诉讼．法商研究，1999 (5): 29.

② 1986 年 10 月 28 日最高人民法院在法（研）复 [1986] 31 号对江苏省高级人民法院的《关于人民法院制作法律文书应如何引用法律规范性文件的批复》中认为，法律、行政法规、地方性法规、自治条例和单行条例可以引用，而国务院各部委发布的命令、指示和规章，各县、市人大通过和发布的决定、决议，地方各级人民政府发布的决定、命令和规章以及最高人民法院的意见和批复等规范性文件不得引用。反对者认为，这一批复只是罗列了各种"子法"，没有把"母法"包括进去。对人民法院是否可以引用宪法规定判案，该批复既没有肯定，也没有否定，而是采取了回避态度。王振民．我国宪法可否进入诉讼．法商研究，1999 (5): 29.

种情形。

第一，宪法作为判断法律规范的依据时能否适用宪法？

法院在选择适用法律规范作为裁判依据时，若案件当事人或者法院自身认为，该法律规范与宪法可能相抵触，即无法直接依据受到质疑或者挑战的法律规范作为裁判的依据，则必须先依据宪法审查判断法律规范的合宪性，再依据这一判断结论对案件作出裁判。换言之，在此种情形下，法律规范的合宪性已成为对案件争议作出裁判的"先决问题"，如果不首先解决这一"先决问题"，而直接依据受到质疑或者挑战的法律规范对具体案件作出裁判，则司法功能并没有彻底实现。

◎ 刘某诉北京大学不批准授予博士学位案

1996年北京大学学位评定委员会作出决定，不批准授予无线电电子专业博士生刘某博士学位，北京大学并据此作出不颁发博士毕业证书的决定。1999年刘某不服，向法院提起诉讼。根据《学位条例》的相关规定，获得博士学位的程序包括：（1）在博士学习期限过半时参加综合考试，成绩必须及格；（2）论文写作完成后由导师推荐；（3）论文由同行进行评议；（4）通过论文答辩，建议授予学位；(5) 系学位评定委员会批准；(6) 校学位评定委员会批准。刘某通过了前五项程序，但未通过第六项程序，即北京大学学位评定委员会未予批准。北京大学学位评定委员会由21名委员组成，该21名委员来自北京大学的不同学科，而来自刘某攻读博士学位的学科的委员为1名。

在诉讼中，原告认为，前五个程序中都认定其博士论文已达到博士学位水平，认定者均为本学科的教授，即是能够读懂其论文的"内行"；北京大学学位评定委员会委员只有1人为其本学科教授，绝大多数委员为读不懂其论文的"外行"。根据《学位条例》的规定，"内行"只具有建议权而没有决定权，而"外行"却具有批准权。这一学位授予体制违反了宪法，故要求对《学位条例》规定的学位授予体制的合宪性进行审查。

在本案中，《学位条例》规定的学位授予体制的合宪性受到质疑，如果不对其进行审查，而是直接依据存在争议的《学位条例》作出裁判，则该纠纷无法得到彻底解决。

周某诉建设银行男女退休不同龄案

生于1949年10月的周某退休前任建设银行平顶山分行出纳部副经理。2005年1月,建行平顶山分行以周某已达到法定退休年龄为由,通知其办理退休手续。周某认为自己应与男职工同龄退休,单位要求自己55周岁退休的决定与我国宪法和法律的有关规定相抵触,应予以撤销,遂提起劳动仲裁,后于2005年10月28日向平顶山市湛河区法院递交了民事起诉状。

法院经审理认为,周某对已满55岁且参加工作年限满10年并无争议,依照国务院《关于安置老弱病残干部的暂行办法》的规定,符合办理退休手续的条件,被告建行平顶山分行以此为据为其申报退休的决定符合现行国家政策和法规,并无不当。周某认为被告为其办理退休手续的决定违背了宪法关于男女平等的原则,要求予以撤销的理由无法律依据,法院不予支持。

我国宪法规定,中华人民共和国公民在法律面前一律平等;宪法还特别规定,男女平等。国务院《关于安置老弱病残干部的暂行办法》规定,男性年满60周岁退休,女性年满55周岁退休。在退休年龄上的差别规定是否违反了宪法，成为本案争议的焦点问题和先决问题，有权机关必须首先就男女退休不同龄的规定是否符合宪法作出判断，才能对本案中的退休决定是否合法作出判决。

可见，法院在审理案件过程中，是有可能遇到其选择适用的作为裁判依据的法律规范是否合宪的问题的。但是，法院在审理案件过程中可能遇到需要对裁判依据的合宪性进行审查的情形，这不等于法院必然有权依据宪法对裁判依据的合宪性进行审查判断。法院依据宪法对裁判依据的合宪性进行附带性审查判断，从各国的制度看，需要具备以下两个基本条件。

（1）释宪权。宪法是由一系列基本原则和基本规范组成的，与法律规范相比较，其更为抽象。若要以这些比较抽象的宪法基本原则和宪法规范去判断法律规范是否符合宪法，则必须进行解释。换言之，审查判断法律规范是否符合宪法的机关必须以具有宪法解释权为前提。从法解释学的意义上说，在适用宪法时，其解释的必要性和空间比法律规范的要大得多。如果说法学主要是法解释学，那么，宪法学更是如此。

我国宪法明确规定，全国人大常委会有权解释宪法。宪法虽然没有明确规定全国人大具有宪法解释权，但宪法学界通说认为，依据我国宪法关于全国人大有权"改变或者撤销全国人民代表大会常务委员会不适当的决定"的规定,可以推定全国人大也具有宪法解释权。质言之,在我国,具有宪法解释权的机关仅为全国人大和全国人大常委会。可见,依据我国宪法的规定,法院包括最高人民法院,并不具有宪法解释权。法院对宪法无解释权,即无法通过对宪法进行解释而审查判断法律规范是否符合宪法。

(2)先例约束原则。所谓先例约束原则或称遵循先例原则,是指上级法院的判决对下级法院未来类似案件的判决具有约束力,下级法院在作出判决时,必须依据上级法院的判决作出判决。此为英美法系国家法院系统的一项司法原则和裁判规则。我国法院在审判制度上并不存在"先例约束原则",即上级法院的裁判并不能成为下级法院作出裁判时的依据,或者说,下级法院在作出裁判时并不能直接将上级法院已有的类似裁判即"先例"作为裁判依据。换言之,因缺乏先例约束原则,故上级法院的裁判并不能成为判例而具有一般性的法律效力。上级法院的裁判对于下级法院作出裁判只具有参考或者指导意义。

在这一制度背景下,如果我国法院像实行附带性合宪性审查制度的国家的法院那样,在审理案件时,直接依据宪法审查判断作为案件审理依据的法律规范是否符合宪法,就会面临此法院认为某法律违反宪法拒绝适用,而彼法院认为同一法律符合宪法予以适用的局面。如此一来，在一国之内，即无法保证法律效力的统一性和宪法秩序的统一性。①

因缺乏上述两个基本条件，故我国的法院在审理案件过程中不具有直接依据宪法审查判断作为案件审理依据的法律规范是否符合宪法的权力，也就是说，在我国法院的司法权能中，并不包含是否符合宪法的审查权。

正因为如此，我国宪法与欧洲大陆法系国家宪法持有相同的理念。根据我国的具体情况，我国设计了另外一套合宪性审查制度。根据我国宪法的规定，全国人大和全国人大常委会行使合宪性审查权（宪法监督权），有权对法律、行政法规、地方性法规、自治条例和单行条例、规章、授权法规、司法解释等的合宪性进行审查。依据2000年由全国人大制定、2015年修正的《立法法》第99条的规定，法院在审理案件过程中如果认为这些法律文件有违反宪法的嫌疑，有权向全国人大常委会提出审查请求或者建议。即法院有对这些法律文件是否合宪提出质疑的权力，但没有审查其合宪性的权力。

在上述案件中，审理法院应当依据立法法的规定，就案件裁判依据的法律文件的合宪性提请全国人大常委会进

---

① 欧洲国家中的意大利等国曾经模仿美国实行附带性的司法审查制度，但因不具有基本条件，最后不得不选择采用德国模式。

行审查，然后再依据全国人大常委会的审查结论对审理的具体案件作出裁判。只有如此，在案件的审理依据上才能做到正确、准确地适用法律，也才能真正实现司法功能。

令人遗憾的是，迄今为止，我国法院虽然在审理案件过程中遇到了此类问题，但并未向全国人大常委会提出审查请求或者建议，在裁判依据存在争议的背景下，仍然作出法律裁判，致使其无法实际上彻底实现司法功能，也使得宪法没有能够得到彻底的实施。

第二，能否将宪法规范和法律规范共同作为裁判依据？

法院在某些案件的审理中，虽然已经有明确的法律规范，但可能是考虑到法律规范不足以作为充分的裁判依据，因而引用宪法规范进行补强，即将宪法规范和法律规范同时作为裁判依据进行适用。在名誉权案件和继承权案件中，这种做法比较常见。有的学者也持同样的观点，认为在具体案件中直接引用宪法规范作为裁判依据，可以强化宪法的权威，提高公民的宪法意识。

◎ 龙某诉中州建筑公司、姜某、永胜县交通局损害赔偿纠纷案

云南省丽江市永胜县人民法院认为，《宪法》第42

条第4款规定:"国家对就业前的公民进行必要的劳动就业训练。"《劳动法》第4条规定:"用人单位应当依法建立和完善规章制度,保障劳动者享有劳动权利和履行劳动义务。"《民法通则》第106条第2款规定:"公民、法人由于过错侵害国家的、集体的财产,侵害他人财产、人身的应当承担民事责任。"被告中州建筑公司(以下简称中州公司)是经国家批准有资格承包建设工程的企业,在用人时应当承担宪法和劳动法规定的提供劳动保护、对劳动者进行劳动就业训练等义务。中州公司通过签订《建设工程承包合同》,向被告交通局承包了过境线工程。作为该工程的直接承包者和劳动法规定的用人单位,中州公司在将该工程转交给被告姜某具体负责施工后,没有履行宪法和劳动法规定的上述义务,也未对姜某的工作情况进行监督管理,因而引起工伤事故。对此,中州公司应当承担民事责任。中州公司在与被告姜某签订的内部承包合同中约定:"如发生一切大小工伤事故,应由姜某负全部责任"。这一约定把只有企业才能承担的风险转给实力有限的自然人承担。该约定损害了劳动者的合法权益,违反了宪法和劳动法的规定,是无效约定,不受法律保护。

刘某铁道部第二十工程局二处第八工程公司、罗某工伤赔偿案

> 四川省眉山地区眉山县人民法院认为，《宪法》第42条第2款规定："国家通过各种途径，创造劳动就业条件，加强劳动保护，改善劳动条件，并在发展生产的基础上，提高劳动报酬和福利待遇。"《劳动法》第3条规定，劳动者有"获得劳动安全卫生保护的权利"。第4条规定："用人单位应当依法建立和完善规章制度，保障劳动者享有劳动权利和履行劳动义务。"被告罗某作为工程承包人和雇主，依法对民工的劳动保护承担责任。被告第八工程公司在与被告罗某签订的承包合同中约定"施工中发生一切伤、亡、残事故，由罗某负责"，把只有企业才能承担的安全风险，推给能力有限的自然人承担。该条款损害了劳动者的合法权益，违反了我国宪法和劳动法的前述规定。

在上述两例法院裁判中，法院既不是引用宪法规定来理解法律规范的内涵，也不是引用宪法规定来判断法律规范是否违反宪法，而是将宪法规范与法律规范并用，作为裁判的依据。

笔者认为，法院的这一宪法适用是不恰当的。其一，法院对宪法的适用是一种实体性适用。然而如前所述，根据宪法规定，我国的法院对宪法没有解释权。就上述两个案件而言，对于宪法规定的基本内涵是什么，如果不作解释，就难以成为案件裁判的直接依据。其二，混淆了宪法的功能与法律的功能。宪法的基本功能是针对国家权力，由其赋予国家权力、保障国家权力有效运行及控制国家权力，而并不是针对公民个人的。宪法通过其基本功能达到保障人权的目的，其中包括赋予立法权、保障立法权及控制立法权。宪法一方面赋予立法机关以立法权，另一方面保障立法权有效行使，更重要的意义在于防止立法权滥用而侵犯人权。而法律的基本功能在于调整基本的社会关系，平衡社会不同利益主体之间的利益关系，以作为社会主体的行为界限。换言之，宪法是法律的"法律"，法律是社会成员具体的行为规范。其三，混淆了宪法与法律在效力上存在的位阶关系。宪法的效力高于法律的效力，而如果两者并用，将宪法的效力等同于法律的效力，或者将法律的效力等同于宪法的效力，都是不妥当的。

第三，能否直接适用宪法作为裁判案件的依据？

实践中可能存在这样一种情况，即宪法中有明确的规定，而法律并没有明确的具体化规定。在发生纠纷以后，在法律层面无法找到明确的裁判依据，此时法院能否直接依据宪法的规定作出裁判?

🎯 王某等诉北京民族饭店选举权案

王某等 16 人原系北京民族饭店员工。1998 年下半年,北京市西城区人大代表换届。10 月,北京民族饭店作为一个选区,在其公布的选民名单中确定了该 16 名员工的选民资格。后因该 16 名员工与北京民族饭店的劳动合同届满,双方解除了劳动关系,该 16 名员工离开了北京民族饭店。北京民族饭店既没有通知这些应在原单位选举的员工参加选举,也没有发给他们选民证,致使该 16 名员工未能参加选举。为此,王某等 16 人向北京市西城区人民法院起诉,状告北京民族饭店侵犯其选举权,要求判令被告依法承担法律责任,并赔偿经济损失 200 万元。

北京市西城区人民法院经审查认为,原告王某等 16 人关于被告北京民族饭店对其未能参加选举承担法律责任并赔偿经济损失的请求,依法不属法院受案范围。对王某等人的起诉,不予受理。王某等其中的 15 人不服一审裁定,向北京市第一中级人民法院提起上诉,请求撤销原裁定,予以受理。法院经审查认为原审法院不予受理的裁定正确,驳回上诉,维持原裁定。

这一案件涉及公民的选举权保障问题。我国《宪法》第 34 条规定，中华人民共和国年满十八周岁的公民，不分民族、种族、性别、职业、家庭出身、宗教信仰、教育程度、财产状况、居住期限，都有选举权和被选举权；但是依照法律被剥夺政治权利的人除外。依据宪法的规定，全国人大制定了选举法。在选举法中规定，对于破坏选举的行为，如果达到了违法和犯罪的，可以追究行政处罚责任和刑事责任；对于选举诉讼，选举法只规定了选民名单案件。相应地，民事诉讼法规定了选民名单案件的审理程序。但是，选举法及民事诉讼法没有规定选举权及被选举权在受到其他侵害时的救济途径和方式。本案即属于选举权受到其他侵害的情形。审理本案遇到的两难问题在于，如果法院不能直接把宪法作为裁判案件的依据，在选举法及民事诉讼法层面找不到相应的受理和审理依据，即选民的选举权虽在宪法上作出了规定，但法律层面若没有作出具体化的规定，其在受到侵害时便无法获得任何救济，包括司法救济；如果法院直接将宪法的规定作为案件的裁判依据，而法院又不具备上述适用的基本条件。

齐某诉陈某等侵犯受教育权案

　　1990年，原告齐某与被告之一陈某都是山东省滕州市第八中学的初中学生，都参加了中等专科学校的预选考试。陈某在预选考试中成绩不合格，失去继续参加统一招生考试的资格。而齐某通过预选考试后，又在当年的统一招生考试中取得了超过委培生录取分数线的成绩。山东省济宁商业学校给齐某发出录取通知书，由滕州八中转交。陈某从滕州八中领取齐某的录取通知书，并在其父亲陈乙的策划下，运用各种手段，以齐某的名义到济宁商校就读直至毕业。毕业后，陈某仍然使用齐某的姓名，在中国银行滕州支行工作。

　　齐某发现陈某冒用其姓名后，向山东省枣庄市中级人民法院提起民事诉讼，被告为陈某、陈乙（陈某的父亲）、济宁商校、滕州八中和山东省滕州市教育委员会。原告诉称：由于各被告共同弄虚作假，促成被告陈某冒用原告的姓名进入济宁商校学习，致使原告的姓名权、受教育权以及其他相关权益被侵犯。请求法院判令被告停止侵害、赔礼道歉，并赔偿原告经济损失16万元，精神损失40万元。

山东省枣庄市中级人民法院经过审理后认定：(1)《民法通则》第99条规定："公民享有姓名权，有权决定、使用和依照规定改变自己的姓名，禁止他人干涉、盗用、假冒。"被告陈某在其父陈乙策划下盗用、假冒齐某姓名上学，是侵害姓名权的一种特殊表现形式。(2)原告齐某主张的受教育权，属于公民一般人格权范畴。它是公民丰富和发展自身人格的自由权利。但是，本案证据表明，齐某已实际放弃了这一权利，即放弃了接受委培的机会。其主张侵犯受教育权的证据不足，不能成立。齐某基于这一主张请求赔偿的各项物质损失，均与被告陈某的侵权行为无因果关系，故不予支持。(3)原告齐某的姓名权被侵犯，除被告陈某、陈乙应承担主要责任外，被告济宁商校明知陈某冒用齐某的姓名上学仍予接受，故意维护侵权行为的存续，应承担重要责任；被告滕州八中与滕州教委分别在事后为陈某、陈乙掩饰冒名行为提供便利条件，亦有重大过失，均应承担一定责任。基于上述认定的主要事实，枣庄市中级人民法院根据《民法通则》第120条规定，"公民的姓名权、肖像权、名誉权、荣誉权受到侵害的，有权要求停止侵害，恢复名誉，消除影响，赔礼道歉，并可以要求赔偿损失"，作出判决：(1)被告陈某停止对原告齐某姓名权的侵害；

(2)被告陈某、陈乙、济宁商校、滕州八中、滕州教委向原告齐某赔礼道歉；(3)原告齐某支付的律师代理费825元，由被告陈某负担，被告陈乙、济宁商校、滕州八中、滕州教委对此负连带责任；(4)原告齐某的精神损失费35 000元，由被告陈某、陈乙各负担5 000元，济宁商校负担15 000元，滕州八中负担6 000元，滕州教委负担4 000元；(5)驳回齐某的其他诉讼请求。

一审判决作出后，齐某向山东省高级人民法院提起上诉，除了对精神损害赔偿的标准提出异议以外，主要是提出证据表明自己并未放弃受教育权，被上诉人确实共同侵犯了自己受教育的权利，使自己丧失了一系列相关利益。据此请求，二审法院判决：(1)陈某赔偿因侵犯姓名权而给其造成的精神损失5万元；(2)各被上诉人赔偿因共同侵犯受教育权而给上诉人造成的经济损失16万元和精神损失35万元。

山东省高级人民法院在审理中认为，这个案件存在适用法律方面的疑难问题，因此依照《人民法院组织法》第33条的规定，报请最高人民法院进行解释。最高人民法院经过研究，作出了《关于以侵犯姓名权的手段侵犯宪法保护的公民受教育的基本权利是否应承担民事责任的批复》（以下简称《批复》，现已失效）。该《批复》全文如下：

山东省高级人民法院：

你院〔1999〕鲁民终字第 258 号《关于齐某与陈某、陈乙、山东省济宁市商业学校、山东省滕州市第八中学、山东省滕州市教育委员会姓名权纠纷一案的请示》收悉。经研究，我们认为，根据本案事实，陈某等以侵犯姓名权的手段，侵犯了齐某依据宪法规定所享有的受教育的基本权利，并造成了具体的损害后果，应承担相应的民事责任。

山东省高级人民法院在接到《批复》以后，继续审理此案并认为：

……由于被上诉人滕州八中未将统考成绩及委培分数线通知到齐某本人，且又将录取通知书交给前来冒领的被上诉人陈某，才使得陈某能够在陈乙的策划下有了冒名上学的条件。又由于济宁商校对报到新生审查不严，在既无准考证又无有效证明的情况下接收陈某，才让陈某冒名上学成为事实，从而使齐某失去了接受委培教育的机会。陈某冒名上学后，被上诉人滕州教委帮助陈乙伪造体格检查表；滕州八中帮助陈乙伪造学期评语表；济宁商校违反档案管理办法让陈某自带档案，给陈乙提供了撤换档案材料的机会，致使陈某不仅冒名上学，而且冒名参加工作，使侵权行为得到延续。该侵权是由陈某、陈乙、滕州八中、滕州教委的故意行为和济宁商校的过失行为造成的。这种行为从形式上表现为侵犯齐某的姓名权，其实质是侵犯齐某依照宪法所享有的公民受教育的基本权利。各被上诉人对该侵权行为所造成的后果，应当承担民事责任。

由于各被上诉人侵犯了上诉人齐某的姓名权和受教育的权利，才使得齐某未接受高等教育另外进行复读，为将农业户口转为非农业户口交纳城市增容费，为诉讼支出律师费。这些费用都是其受教育的权利被侵犯而遭受的直接经济损失，应由被上诉人陈某、陈乙赔偿，其他各被上诉人承担连带赔偿责任……

为了惩戒侵权违法行为，被上诉人陈某在侵权期间的既得利益（即以上诉人齐某的名义领取的工资，扣除陈某的必要生活费）应判归齐某所有，由陈某、陈乙赔偿，其他被上诉人承担连带责任……

综上，原审判决认定被上诉人陈某等侵犯了上诉人齐某的姓名权，判决其承担相应的民事责任，是正确的。但原审判决认定齐某放弃接受委培教育，缺乏事实根据。

齐某要求各被上诉人承担侵犯其受教育权的责任，理由正当，应予支持。

由此，山东省高级人民法院依照《宪法》第46条和最高人民法院的批复，对枣庄市中级人民法院的一审判决予以部分维持、部分撤销，并判决：(1)对被上诉人陈某、陈乙赔偿齐某因受教育的权利被侵犯造成的直接经济损失7 000元，被上诉人济宁商校、滕州八中、滕州教委承担连带赔偿责任；(2)对被上诉人陈某、陈乙赔偿齐某因受教育的权利被侵犯造成的间接经济损失（按陈某以齐某名义领取的工资扣除最低生活保障费后计算）41 045元，被上诉人济宁商校、滕州八中、滕州教委承担连带赔偿责任；(3)被上诉人陈某、陈乙、济宁商校、滕州八中、滕州教委赔偿齐某精神损害费50 000元。

最高人民法院针对该案件作出的批复开创了我国宪法作为民事审判依据的先河，这一案件被最高人民法院认为是"中国宪法司法化第一案"。2008年12月18日，最高人民法院发布公告，废止了就齐某案所做的《关于以侵犯姓名权的手段侵犯宪法保护的公民受教育的基本权利是否应承担民事责任的批复》（法释〔2001〕25号）。

法院在审理该案中主要遇到两个基本问题：（1）在本案中，齐某的受教育权和姓名权都受到侵犯，两者是并行地受到侵犯，还是一个为手段，一个为目的？（2）侵犯受教育权是否应当承担民事责任？对此，当时的民事法律规范没有明确规定。第一个问题实际上为事实判断问题，审理案件的法院完全可以自行作出判断，而无须请求最高人民法院作出解释。第二个问题为裁判依据问题。在案件发生时，我国还未制定教育法，对于公民的受教育权受到侵犯能否提起诉讼并没有明确规定；案件发生时，我国也没有制定侵权责任法，对于受教育权受到侵犯是否需要承担民事责任也没有规定；已经生效的《民法通则》中没有关于受教育权受到侵犯应当承担民事责任的规定。这样，在案件裁判的法律规范依据方面存在不足。因此，审理案件的法院需要请求具有法律解释权的最高人民法院作出解释。

最高人民法院在司法解释中引用了宪法关于受教育权的规定，但没有对这一宪法规定的具体内涵进行解释和说明；司法解释中也没有引用《民法通则》的规定。因此，最高人民法院的这一司法解释给人们的直接感觉是对宪法的规定直接进行了解释，而不是对法律进行解释。审理案件的山东省高级人民法院直接引用《宪法》第46条及最高人民法院的这一司法解释作出了裁判。

正因为如此，关于本案的裁判依据及本案的性质存在着完全不同的看法。依据最高人民法院及部分学者的看法，本案是我国法院适用宪法判决的第一案，即"中国宪法司法化第一案"，因为最高人民法院通过解释宪法而将宪法适用于具体案件。另有大部分学者认为，本案并不属于法院适用宪法作出裁判的案件，理由是：（1）我国法院无权解释宪法，如果最高人民法院的批复属于宪法解释，则该解释为无效解释，依据该解释作出的判决为无效判决；（2）该解释实际上为法律解释，是对《民法通则》的解释，本案为民事案件，与适用宪法无关；（3）如果该案件的性质为宪法案件，则当事人应当承担的是宪法责任，而非民事责任。

这一案件的焦点在于，我国的法院能否直接适用宪法判案，即宪法司法化。如果可以，这是否否定了人民代表大会制度，法院是否构成了越权？如果不可以，当公民的宪法权利受到侵犯而又形成具体案件时，如何提供宪法救济？

上述两个案件均涉及法院或者缺乏法律层面的裁判依据，或者法律层面的裁判依据不明确。在法律层面缺乏裁判依据时，法院能否直接依据宪法作出裁判，前文已经作出了阐述。因我国法院没有宪法解释权及缺乏"先例约束原则",实际上法院无法直接依据宪法直接作出裁判,为当事人提供宪法救济。在此种情况下,当事人只能在穷尽法律救济或者缺乏法律救济的前提下,直接请求具有宪法救济权的全国人大常委会提供救济。而在法律层面缺乏明确的裁判依据时,法院应当最大限度地通过解释法律,为当事人提供法律救济。只有在即使最宽泛地解释法律仍然无法为当事人提供法律救济的前提下,才能由当事人直接向全国人大常委会寻求宪法救济。

第四,能否引用宪法补强法律的含义?

2016年6月28日发布的《人民法院民事裁判文书制作规范》规定,裁判文书不得引用宪法作为裁判依据,但其体现的原则和精神可以在说理部分予以阐述。法院裁判的依据为法律,但为了补强法律的含义,在裁判文书的理由部分引用宪法的原则和精神进行阐述,应当是允许的。

🎯 中国银行成都高新技术产业开发区支行诉沙某某信用卡滞纳金案

> 原告中国银行成都高新技术产业开发区支行(以下简称中行成都高新支行)诉称,2013年9月4日,被告向

原告申请长城环球通白金信用卡，按照该信用卡申请合约第3条第2款约定："信用卡透支按月计收复利，日利率为万分之五……"，另按照第3条第1款约定："乙方在到期还款日之前未能偿付最低还款额或未能完全还款的，乙方除按照甲方规定支付透支利息外，还需按照最低还款额未偿还部分的5%支付滞纳金。"截至2015年6月8日，被告欠付原告信用卡欠款共计375 079.3元。故原告起诉至法院，请求人民法院依法判令被告归还原告信用卡欠款375 079.3元（截至2015年6月8日的本金、利息及滞纳金），及至欠款付清之日止的利息（以375 079.3元为本金，信用卡透支按月计收复利，日利率为万分之五）、滞纳金（按照375 079.3元未偿还部分的5%每月支付滞纳金）。

　　法院认为，关于本案中原告主张的从2015年6月9日起的利息，通过庭审可以得知，原告的具体计算方式是将前期本息作为本金，该本金每个月产生5%的滞纳金并且产生每日万分之五的利息；进入下一个月后，上个月的滞纳金、利息计入本金，该本金再产生每个月5%的滞纳金并且产生每日万分之五的利息；依此循环往复。在这个过程中且无论滞纳金、利息均计入本金，单滞纳金每年已经达到60%，利率也达到18%，两者相加已经达到年利率78%。

四川省成都市高新技术产业开发区人民法院在编号为"（2015）高新民初字第6730号"判决书的理由部分指出，从反向角度，如果认可信用借款超高额利率，将导致为法律及社会民众所不可容忍之悖论。《宪法》第33条第2款规定："中华人民共和国公民在法律面前一律平等。"平等，也是社会主义核心价值理念的基本内容与内涵。平等意味着对等待遇，除非存在差别对待的理由和依据。一方面，国家以贷款政策限制民间借款形成高利；另一方面，在信用卡借贷领域又形成超过民间借贷限制一倍或者几倍的利息。这显然极可能形成一种"只许州官放火，不许百姓点灯"的外在不良观感。据此，法院否认了银行业关于"滞纳金"的"红头文件"规定。

（三）宪法的间接适用

一些党员干部可能认为，宪法是国家根本法，自己在工作中只是依据法律、法规、规章行使权力，而不是依据宪法行使权力，宪法与自己的工作没有什么关系，甚至认为，学习宪法对自己的工作没有什么价值。

在法治社会，国家机关行使任何权力时，都必须适用法律，而适用法律就必须理解法律的内涵。在理解法律的内涵时，就有必要从宪法层面理解法律，而不能仅仅从法律层面理解法律。我国绝大多数法律的第1条通常明确规定，本法依据宪法而制定。"依据宪法制定法律"的基本含义包括：(1) 依据宪法的立法授权制定法律；(2) 依据宪法保留和法律保留的规定制定法律；(3) 依据宪法规定的立法程序制定法律；(4) 依据宪法的理念、精神和基本原则制定法律；(5) 依据宪法的规范内涵制定法律。否则，就无法全面地、完整地、透彻地理解法律的含义，而只能机械地理解法律的规定。特别是在法律的含义存在分歧时，就更需要从宪法的层面上理解法律。

立法机关依据宪法制定法律，将宪法的规定具体化。实际上，宪法的规定已经融入法律之中。因此，在绝大多数情况下，宪法的实施是透过法律的适用而实现的。

上海"孟母堂"案

2005年9月，"孟母堂"在上海松江开设。记诵中国古代经典是其最主要的教学方式。其教学内容包括：语文学科读的是《易经》《论语》等中国古代传统典籍；英语以《仲夏夜之梦》起步；数学则由外聘老师根据读经教育的观念，重组教材，编排数理课程；体育课以瑜伽、太极之类修身养性的运动为主。在"孟母堂"求学的孩

> 子来自全国各地，除部分短期补习的以外，还有一些接受全日制教育的学生。2006年7月24日，"孟母堂"被上海市教育委员会定性为违法办学而取缔。这些孩子的监护人不服，他们认为自己有权利决定自己的孩子接受何种教育和在何处接受教育。

关于上海市教育委员会的做法，存在两种截然相反的观点。一种观点认为，"孟母堂"违反了教育法律制度，理由是：（1）违反了教育收费的有关规定；（2）未获得办学许可证；（3）未按规定让家长把子女送到经国家批准的教育机构接受义务教育；（4）"读经教育"内容和方式与《义务教育法》相关规定不符。另一种观点则认为，"孟母堂"并不违法，理由是："孟母堂"不是办学，只是现代在家学习或在家教育的一种方式；义务教育法的"义务"首先是指国家义务，至于儿童则是享受这种义务的权利。本案中，存在的争议并不是家长没有送孩子入学，而是入什么学。不入公学，是家长的权利。于家长，这属于自由选择，他人无权干涉，国家也无权干涉。家长有权利不让自己的子女上公立学校，而让子女去"孟母堂"求学，对此政府理应尊重。

王某诉侯某不充分履行监护权案

北京人侯某将7岁的儿子明明（化名）安排在家里，由自己进行封闭式教育，并使明明在英语和阅读方面表现出了超过同龄儿童的能力，明明甚至能够看懂古典文学和英文报纸；但前妻王某认为，不接受正常的学校教育对明明今后的成长不利，于是诉至北京市石景山区人民法院，要求取得明明的监护权。

法院认为，离婚后的子女抚养问题，应当从有利于子女身心健康，保障子女的合法权益，并结合父母双方的抚养能力及条件等方面予以综合考虑。本案中，明明自2004年6月至今在侯某的自行教育下，在英语、汉语的阅读能力方面确实取得了有目共睹的、超越于同龄人的成绩。孩子表示"以读书为乐"，说明孩子与父亲感情关系融洽。而明明在与外界的接触中，除表示"不愿意与王某共同生活"外，其天真、快乐之行为表现与同龄儿童的无异。因此，无法证明王某关于明明身心健康受到侯某不良影响的主张成立。因此，法院对王某要求变更抚养关系的诉讼请求不予支持。

此两个案件均涉及宪法和义务教育法关于受教育的规

定，因此，对作为案件裁判依据的法律规范的选择适用就不能仅仅从义务教育法的层面上去理解，而必须同时从宪法层面上去理解。我国宪法规定，中华人民共和国公民有受教育的权利和义务。即受教育既是公民的基本权利，又是公民的基本义务。从基本权利的意义出发，公民可以接受教育，也可以不接受教育；可以接受这样的教育，也可以接受那样的教育；可以在此地接受教育，也可以在彼地接受教育。在适龄儿童及监护人向国家提出受教育的请求时，国家必须举办学校，以满足其需要。但是，宪法同时规定，受教育是公民的基本义务，即每一个公民都必须接受教育。据此，国家制定了义务教育法。[①] 根据义务教育法的规定，每一个公民必须接受9年的义务教育，接受教育部规定的课程体系的教育，在每门课程中接受教育部规定的教材内容的教育，接受教育部门认可的具有教师资格的人的教育。

在上海"孟母堂"案中，参加"孟母堂"私塾学习的孩子监护人的做法，是符合宪法上规定的受教育作为基本

[①] 《义务教育法》(1986年4月12日第六届全国人民代表大会第四次会议通过，2006年6月29日第十届全国人民代表大会常务委员会第二十二次会议修订，2015年第一次修正，2018年第二次修正)第4条规定，凡具有中华人民共和国国籍的适龄儿童、少年，不分性别、民族、种族、家庭财产状况、宗教信仰等，依法享有平等接受义务教育的权利，并履行接受义务教育的义务。

权利的性质的。但是，这些孩子在"孟母堂"学习的内容、课程体系、教师等，违反了宪法规定的受教育作为公民基本义务的性质。因此，上海市教育委员会的决定是符合宪法关于公民受教育的全面规定的。

王某诉侯某不充分履行监护权案涉及能否在家接受教育的问题。受教育是基本权利，在家接受教育当然是可以的。义务教育及义务教育要求的基本目标，是使每一个公民都能够成为适应现代社会需要的现代人。私立学校是按照义务教育的基本要求实施的，故其是合法的。但是，在家接受教育能否达到与在学校接受教育相同的效果，对此需要进行考察。换言之，如果在家接受教育也能够达到在学校接受教育的效果，在家接受教育当然是可以的。这就需要制定对在家接受教育的考核制度，以检验在家接受教育的实际效果。而目前我国义务教育法中并没有设计针对在家接受教育的考核制度，这是义务教育法的缺陷，需要等待未来修改时予以完善。在义务教育法完善之前，实际上无法具体考核在家接受教育的效果。因此，法院应当判决孩子的监护人即父亲，必须送被监护人到学校去接受教育。

而在本案中，明明在侯某的自行教育下，英语、汉语的阅读能力确实取得了有目共睹的、超越于同龄人的成绩。

明明本人表示"以读书为乐",说明孩子与父亲感情关系融洽;明明在与外界的接触中,除表示"不愿意与王育共同生活"外,其天真、快乐之行为表现与同龄儿童的无异。法院依据这些情况,即得出在家接受教育属于很好地履行了监护责任的结论。法院作出这些判断是否属于行使司法权的范畴是值得商榷的。① 从最低层次上说,法官没有认识到司法权能的边界;从中层次上说,法官没有理解国家实行义务教育的本质特性,进而也就没有理解义务教育的基本内容;从最高层次上说,法官没有理解宪法关于公民受教育规定的两个方面的基本性质,特别是受教育作为公民基本义务的性质。如果法院在审理本案过程中,能够阐述宪法关于公民受教育的基本权利和基本义务两个属性的原则和精神,并且进行适当的分析,再结合义务教育法的规定,那么本案的判决就不是现在的状况。

笔者认为,在此种情形下,法院在判决理由部分应当直接引用宪法关于公民受教育的权利和义务的规定,以理解受教育作为基本权利和基本义务的基本含义,同时,以理解义务教育法关于义务教育的基本含义。另外,法院判案的直接规范依据仍然必须是法律规范而非宪法规范。

---

① 对此作出判断的权力应当属于教育权的范畴,而非司法权的范畴。

广州市黄埔区某工厂禁止员工外宿案

广州市黄埔区某工厂规定，禁止员工外宿，并为员工提供宿舍。某员工违反该规定外宿，其在从住地到工厂途中，遇车祸受伤，要求按照工伤处理，遭厂方拒绝，从而引发诉讼。厂方认为，已经明确规定不允许员工外宿且为员工提供了宿舍，而该员工违反该规定自行外宿，应自己承担责任，不应该由工厂负责。本案的核心问题是，工厂关于禁止员工外宿的规定是否有效？黄埔区人民法院在判决中认为，厂方规定禁止员工外宿，违反了宪法关于公民人身自由不受侵犯的规定，因此厂方的规定是无效的，应按照工伤处理。但也有观点认为，在本案中，法院适用宪法的规定作出判决是错误的。

我国《宪法》第37条规定，中华人民共和国公民的人身自由不受侵犯。任何公民，非经人民检察院批准或者决定或者人民法院决定，并由公安机关执行，不受逮捕。禁止非法拘禁和以其他方法非法剥夺或者限制公民的人身自由，禁止非法搜查公民的身体。依据这一规定，在中国，只有经人民检察院批准或者决定或者人民法院决定，并由公安机关（包括国家安全机关）执行，才受逮捕。同时，

2000年由全国人大制定、2015年修正的《立法法》第8、9条将限制人身自由列入法律保留的范畴。即只有全国人大制定的基本法律和全国人大常委会制定的非基本法律才有权规定在何种情形下需要限制公民的人身自由，除此之外的其他国家机关不得作出限制公民人身自由的规定。社会组织包括企业组织和事业组织不得作出限制公民人身自由的规定，亦属当然之列。

依据宪法的规定，我国在法律层面规定了限制人身自由的情形，包括刑事上的刑罚制度、刑事上的强制措施、行政处罚上的拘留和行政强制上的措施等。这些规定都是从正面意义上规定何种国家机关可以在何种情形下限制公民的人身自由，而没有作出反面的列举式排除规定，只是在刑法上设定了非法拘禁罪。本案中，厂方并未对员工实施非法拘禁的行为，因而无法适用非法拘禁罪。本案的争议问题是在上班途中发生交通事故能否适用工伤的规定。而争议的焦点是厂方关于禁止员工外宿的规定是否有效。可以说，对这一规定的合法性进行判断是法院解决该案件争议的先决问题。

如前所述，由于在法律层面上并没有直接的禁止性规定，因而法院在作出判断时，缺乏法律上判断的直接依据。在此情形下，法院只能依据宪法上关于公民人身自由保护的条款，通过阐明人身自由的价值、对人身自由限制的目的、限制人身自由的法律保留原则等，来分析判断厂方作出的禁止员工外宿规定的合法性。可以设想，法院如果不引用宪法上关于人身自由保护的规定作为判断厂方规定的合法性依据，在法律层面上就无法找到相应直接的、正面的依据。在案件审理过程中不能解决这一先决问题，也就无法对是否属于工伤这一案件争议问题作出判决。

三、宪法至上：合宪性审查

合宪性审查，有的国家又称"违宪审查"，是指由特定国家机关对立法等宪法行为是否符合宪法进行审查、作出判断的制度。合宪性审查的价值在于，监督宪法的有效实施，维护宪法的权威和尊严。

合宪性审查的基本功能之一是确保党的集中、统一、全面领导的实现。全面依法治国的要义是我们党要依据宪法和法律来治理国家。而宪法是一个国家中具有最高地位、最有权威的一个规则。党的意志通过宪法修改程序转化为国家意志而存在于宪法当中，宪法如果得到准确、全面实施，那么我们党的领导、党的意志就得到实现。正如习近平总书记所指出的，维护宪法权威，就是维护党和人民共同意志的权威。捍卫宪法尊严，就是捍卫党和人民共同意志的尊严。保证宪法实施,就是保证人民根本利益的实现。

合宪性审查的基本功能之二是保证国家治理规则内部的更高层次、绝对的统一性。宪法是一个国家、一个社会的最高规则,一国之内的所有规则都必须在宪法之下,都必须符合宪法。我国《宪法》序言规定,本宪法是国家的根本法,具有最高的法律效力。全国各族人民、一切国家机关和武装力量、各政党和各社会团体、各企业事业组织,都必须以宪法为根本的活动准则,并且负有维护宪法尊严、保证宪法实施的职责。一切法律、行政法规和地方性法规都不得同宪法相抵触。《宪法》第5条更明确地规定,一切国家机关和武装力量、各政党和各社会团体、各企业事业组织都必须遵守宪法和法律。一切违反宪法和法律的行为,必须予以追究。任何组织或者个人都不得有超越宪法和法律的特权。我国宪法关于宪法地位和权威性的上述规定,其详细程度在各国宪法中是极为少见的。宪法的上述规定不仅昭示了宪法应当成为我国的最高规则,而且昭示了应当依据这一最高规则形成统一的规则体系。

依据宪法在我国形成统一的规则体系,按照这一规则体系形成统一的秩序,这一秩序即是宪法秩序,人们生活在这一秩序所体现的价值之中,因此,宪法实质上是人民所选择的一种生活方式。正是在这一意义上,党的十八届四中全会决定指出,应当完善以宪法为核心的中国特色社会主义法律体系;并特别指出,坚持依法治国首先要坚持依宪治国,坚持依法执政首先要坚持依宪执政。

可见,要形成以宪法为核心的中国特色社会主义法律体系,要保证依法治国之"法"符合宪法,必须建立具有实效性的合宪性审查制度。只有通过合宪性审查,撤销那些与宪法相抵触的法律文件,排除与宪法相抵触的法律文件的适用,才能实现社会主义法律体系内部的统一性。依据宪法审查法律文件是否符合宪法,同时也维护了宪法的权威和尊严。类似于老虎的"牙齿",合宪性审查即是宪法的"牙齿"。老虎若没有了牙齿,必然成为人人皆可蔑视的病虎、死虎、"纸老虎",必然虎威不再。

合宪性审查的基本功能之三是保证国家治理规则的合理性。国家治理规则必须合理,人们生活在合理的制度、规则之下,才能实现政通人和,才能实现社会公平正义。经过法定程序制定的规则必须具有效力,人人都在规则之下,人人都必须服从规则。即使是所谓"恶法",只要是经过法定程序制定的,也具有法律效力,人们也必须服从。但同时,当人们认为规则属于不合理的规则时,应当允许人们通过法定程序去挑战规则,即必须设置挑战规则的机制和程序。合宪性审查即是这一机制,而且是最后的机制。

可想而知，如果没有机制和程序可以让人们挑战其认为不合理的规则，制定规则者必然任意妄为。倘若如此，必然遍地皆为不合理的规则。

合宪性审查的基本功能之四是保障少数人的正当权利。自近代以来，无论是在直接民主制下还是在间接民主制下，人类寻找到的制定规则的最好机制是"多数决原则"，即全体投票、每人一票、每票同值、少数服从多数、以多数意见作为投票共同体的最终有效决议。这样，就是以合法程序保证规则的合法性。但是，这一机制也存在着巨大的风险，即实际有权制定规则的多数人只考虑自己的利益，而没有顾及少数人的利益，甚至通过侵犯少数人的利益以实现自己的利益。此种情况下，少数人即使按照民主程序行使了自己的反对权，仍然无法阻止多数人的任性，无法保证自己的利益。只顾及多数人利益而未照顾少数人的利益的规则，虽然合法，但不正当。社会是由不同利益的群体组成的，社会的和谐必须是规则兼顾了各方的利益，规则实施的基础是规则兼顾了不同群体的利益因而具有非常良好的社会可接受性。

因此，自现代以来，制定规则的机制在原有的"多数决定、少数服从"的基础上增加了"尊重少数"的内涵。而尊重少数的制度体现即是合宪性审查。少数人认为多数人通过的规则侵犯了自己的正当利益时，有权按照程序提起合宪性审查请求，有权进行合宪性审查的机关依据宪法对这一规则的合宪性进行审查。规则如果被认为违反宪法，则被宣布无效、撤销或者拒绝适用。这样，多数人通过的规则即失去法律效力，这保证了少数人的正当利益，保证了规则的正当性，实现了良法的效果。

美国同性婚姻合法化案

83岁的美国女同性恋者艾迪斯·温莎在加拿大与自己的同性伴侣克拉拉·斯拜尔结婚并一起生活了42年。这42年间两人财产共享。2009年，斯拜尔去世，给温莎留下所有财产作为遗产。美国《联邦婚姻保护法》将婚姻定义为一男一女的结合，根据此法，如果温莎嫁给了一个男人，她将无须缴纳遗产赠与税；但因为温莎的伴侣是一个女人，美国联邦法律不承认这种跨国同性婚姻，因此，她不得不上缴36.3万美元的遗产赠与税，无力支付遗产赠与税的温莎遭政府控告。由此，温莎认为，《联邦婚姻保护法》对已婚伴侣有两种不同的差别待遇，破坏了美国宪法"人皆平等"原则，存在歧视，从而反诉美国政府。全案走向联邦最高法院。

2015年6月26日，美国联邦最高法院以5∶4的法官意见表决后裁定，禁止联邦政府承认同性婚姻合法化的《联邦婚姻保护法》（DOMA）违宪。"联邦法律是无效的，任何的法律目的都不能对联邦力图保护的人群的人格和尊严造成贬低和伤害"，大法官安东尼·肯尼迪在阐释多数意见时写道。"由于存在寻求取消这种保护并施以更少尊重的事实，《联邦婚姻保护法》违反了第五修正案。"肯尼迪大法官发表了法院的意见，大法官斯蒂芬·布雷耶、鲁斯·巴德·金斯伯格、索尼娅·索托马约尔和埃琳娜·卡根表示赞同。首席大法官约翰·罗伯茨和大法官安东宁·斯卡利亚、萨穆埃尔·阿利托都提出异议。法官克拉伦斯·托马斯对斯卡利亚的异议完全赞同并部分赞同阿利托的意见。

这是近年来在世界范围内影响最大的合宪性审查案件。其影响已经波及我国。2015年6月23日，身为男性的孙某和相识一周年的男友胡某到长沙市芙蓉区民政局办理结婚登记，被工作人员拒绝，理由是"只有一男一女才能结婚"。2015年年底，孙某起诉了民政局。2016年4月13日，长沙市芙蓉区人民法院判决认为，《婚姻法》对申请结婚以及办理结婚登记的基本程序等作了专门规定，我国相关婚姻法律、法规明确规定结婚的主体是指符合法定结婚条件的男女双方。孙、胡二人均系男性，申请结婚登记显然不符合我国婚姻法律、法规的规定。孙某、胡某的诉称理由不能成立。该案被称为我国"同性婚姻合法化第一案"。

美国《联邦婚姻保护法》在1996年由时任总统克林顿签署。该法律使已得到本州法律承认的同性伴侣与在联邦法律构架下的异性恋伴侣相比，有多达几百项的福利缺失。在奥巴马政府期间，尽管政府希望将《联邦婚姻保护法》废除，但美国司法部最初还是为该法律进行了辩护。2011年年初，美国司法部转变了态度，发现该法违宪，并不再为之辩护。

美国联邦最高法院的判决使得同性婚姻在美国联邦层次上实际正式合法化。至此，美国成为全世界第21个在全国范围内允许同性伴侣结婚的国家。有调查显示，三分之二的美国人支持同性婚姻。在美国联邦最高法院作出裁决前，全美50个州中，已有37个州允许同性伴侣注册结婚。

合宪性审查的基本功能之五是维护社会主义核心价值观。首先，社会主义核心价值观是一种理念。社会成员在内心中认同并奉行自由、平等、公正、法治的理念。其次，社会主义核心价值观是一种制度。按照这一理念形成一整套内部统一的调整社会关系的规则体系，规则体系是自由、平等、公正、法治理念的制度化，是自由、平等、公正、法治理念的载体。再次，社会主义核心价值观是一种社会秩序。规则体系实施的结果即形成社会秩序，规则体系的统一性保证了社会秩序的统一性。这一秩序即是自由、平等、公正、法治的社会秩序。最后，社会主义核心价值观是一种生活方式。每一个社会成员生活在按照自由、平等、公正、法治理念、制度所形成的社会秩序之中。

在十八大报告明确确立自由、平等、公正、法治为我国的全体社会成员所认同和奉行的核心价值观之后，这一核心价值观必须转化为制度。我国的社会主义法律体系以宪法为核心，以法律、行政法规、地方性法规、自治条例和单行条例、规章为主要表现形式。宪法是全体人民意志的体现，规定了国家生活和社会生活中的根本问题，是国家的根本法，具有最高法律效力。自由、平等、公正、法治作为一种理念，首先由宪法予以确认。我国宪法中明确规定了自由、平等、公正、法治，并以制度的形态具体化。我国的宪法制度就是通过维护、捍卫和彰显自由、平等、公正、法治的理念而设计的；通过法律、行政法规、地方性法规、自治条例和单行条例、规章再依据宪法，对这些理念进一步具体化和制度化，在特定的社会关系领域实现自由、平等、公正、法治的理念。可以说，宪法实施的过程，特别是合宪性审查的过程，就是维护、捍卫和彰显这些理念的过程，是向社会成员传达这些理念的过程。任何一个国家机关依法行使国家权力的过程，特别是司法机关严格依法判案的过程，其效果同样如此。反之，社会主义核心价值观就不可能真正成为一种秩序、一种生活方式。合宪性审查公开、司法公开的意义就在于此。

目前我国已经进入"八五"普法规划阶段，在每一次普法过程中，都要求社会成员信仰宪法、信仰法律。那么，在宪法和法律之中，有什么值得社会成员信仰的呢？选择信仰宪法和法律就是选择了一种生活方式，即在宪法之下的生活和在法律之下的生活，这种生活的内容就是自由、平等、公正、法治。信仰宪法和法律，就是选择生活在自由、平等、公正、法治的社会当中。

◎ **孙志刚事件**

> 2003年3月17日晚，任职于广州某公司的湖北青年孙志刚在前往网吧的路上，因缺少暂住证，被警察依据1982年5月12日由国务院制定的《城市流浪乞讨人员收容遣送办法》送至广州市"三无"人员（即无身份证、无

暂居证、无用工证明的外来人员）收容遣送中转站收容。次日，孙志刚被收容站送往一家收容人员救治站。在此，孙志刚受到工作人员以及其他收容人员的野蛮殴打，并于3月20日死于救治站。

2003年5月14日，三名法学博士向全国人大常委会递交审查《城市流浪乞讨人员收容遣送办法》的建议书，认为《城市流浪乞讨人员收容遣送办法》中限制公民人身自由的规定，与中国宪法和有关法律相抵触，应予以撤销。2003年5月23日，五位学者以中国公民的名义，联合上书全国人大常委会，就孙志刚事件及收容遣送制度实施状况提请启动特别调查程序。

2003年6月20日，国务院总理温家宝签署国务院令，公布《城市生活无着的流浪乞讨人员救助管理办法》，该办法自2003年8月1日起施行。引起争议的《城市流浪乞讨人员收容遣送办法》同时被废止。

首先，《城市流浪乞讨人员收容遣送办法》违反了立法法关于法律保留的规定。《立法法》第8条规定，下列事项只能制定法律：……（5）对公民政治权利的剥夺、限制人身自由的强制措施和处罚。第9条规定，本法第8条规定的事项尚未制定法律的，全国人大及其常委会有权作出决定，授权国务院可以根据实际需要，对其中的部分事项先制定行政法规，但是有关犯罪和刑罚、对公民政治权利的剥夺和限制人身自由的强制措施和处罚、司法制度等事项除外。依据《立法法》第8条规定，限制人身自由的强制措施和处罚只能由全国人大或者全国人大常委会的法律规定，其属于法律保留的范围。依据《立法法》第9条的规定，即使全国人大或者全国人大常委会一时制定不出关于限制人身自由的强制措施和处罚的法律，也不得授权国务院制定相关的行政法规，其属于绝对法律保留的范围。1982年5月12日由国务院制定的《城市流浪乞讨人员收容遣送办法》设定了限制人身自由的强制措施，虽然办法是在2000年3月15日全国人大通过立法法之前制定的，但在立法法通过之后，因违反立法法而应当无效。《立法法》第96条规定，法律、行政法规、地方性法规、自治条例和单行条例、规章有下列情形之一的，由有关机关依照本法第97条规定的权限予以改变或者撤销：（1）超越权限的；（2）下位法违反上位法规定的。

其次，《城市流浪乞讨人员收容遣送办法》违反了宪法基本原则和宪法规定。《城市流浪乞讨人员收容遣送办法》第2条规定，对下列人员，予以收容、遣送：（1）家居农村流入城市乞讨的；（2）城市居民中流浪街头乞讨的；（3）其他露宿街头生活无着的。我国《宪法》第5条规定，中华人民共和国实行依法治国，建设社会主义法治国家。《宪法》第33条第2款规定，中华人民共和国公民在法律面前一律平等。法治即法的统治，一切国家机关必须依据宪法和法律进行治理。宪法和法律属于行为规范，只有在社会成员已经实施的行为具有社会危害性的情况下，才能追究其法律责任，而不得仅仅依据社会成员的身份而追究其法律责任。《城市流浪乞讨人员收容遣送办法》所设定的收容遣送制度，就是仅仅依据社会成员的身份而可以限制人身自由，违反了法治原则和法律面前人人平等原则。

《宪法》第33条第3款规定，国家尊重和保障人权。第37条规定，中华人民共和国公民的人身自由不受侵犯。任何公民，非经人民检察院批准或者决定或者人民法院决定，并由公安机关执行，不受逮捕。禁止非法拘禁和以其他方法非法剥夺或者限制公民的人身自由，禁止非法搜查公民的身体。《城市流浪乞讨人员收容遣送办法》第3条规定，收容遣送工作由民政、公安部门负责，具体办法由省、市、自治区人民政府根据实际情况确定。因此，《城市流浪乞讨人员收容遣送办法》违反了《宪法》第33条第3款及第37条的规定。

此后，《城市流浪乞讨人员收容遣送办法》由国务院自行废止，并代之以《城市生活无着的流浪乞讨人员救助管理办法》。《城市流浪乞讨人员收容遣送办法》对城市流浪乞讨人员实施强制性的收容遣送措施，而《城市生活无着的流浪乞讨人员救助管理办法》对城市生活无着的流浪乞讨人员实施自愿性的救助措施。"一废一兴"推进了我国法治的进步和人权保障事业的发展，因此，获得了国内外的一致好评。

在已经由公民向全国人大常委会提出合宪性审查建议、启动合宪性审查的情况下，仍由国务院自行废止《城市流浪乞讨人员收容遣送办法》的做法，易于让人们产生国务院当初制定该办法是合法的，现在废止该办法也是合法的认识。笔者认为，如果采用由全国人大常委会依照立法法规定的审查程序，对《城市流浪乞讨人员收容遣送办法》进行公开的合法性审查和合宪性审查，并依据宪法和立法法的规定，在充分说明理由的基础上，予以废除这一做法，则可以向社会传达并捍卫两大社会主义核心价值观：一是法治，即宪法是我国的根本法，具有最高的法律效力，任何违反宪法的行政法规都是无效的，以捍卫了宪法的权威和尊严；二是自由，即人身自由是公民的基本权利，任何侵犯公民人身自由的行政法规都是无效的。

对于前述周某案中所涉及的国务院关于男女退休不同

龄规定是否符合宪法的问题，如果由审理案件的法院先裁定中止诉讼，将该问题依照程序提请作为我国行使合宪性审查权的全国人大常委会进行审查；全国人大常委会公开受理并依据宪法中关于平等的一般原理及男女平等的规定，公开作出该规定是否违反宪法的决定，并在决定中充分说明理由。这一合宪性审查的过程，即向全体社会成员传达了社会主义核心价值观中的两大价值观：第一，法治。法治的重要标志是规则之治和良法之治。在规则之治中，社会所有的规则包括国务院的行政法规都必须在宪法之下，服从宪法，宪法是一个社会的最高规则。在良法之治中，所有的社会规则都必须符合宪法，违反宪法的社会规则均为无效。第二，平等。宪法确认并捍卫着平等这一社会主义核心价值观，对于任何制度，即使是国务院的行政法规设立的制度，如果违反了这一社会主义核心价值观，也是要被宣布为无效的。

在周某一案中，原告周某起诉的直接对象是单位作出的退休决定，而实际上这是挑战国务院关于男女退休不同龄规定的合宪性问题。国务院关于男女退休不同龄的规定是否符合宪法，构成这一案件审理的先决问题。也就是说，对于国务院关于男女退休不同龄的规定是否符合宪法问题不作出明确的判断，对于当事人双方具体的争议也就无法作出判决。在案件的实际审理过程中，法院并未依照立法法规定的合宪性审查程序提请全国人大常委会进行合宪性审查，而是直接依据具有争议的国务院关于男女退休不同龄规定作出判决。在这一案件中，表面上法院对于双方当事人的具体纠纷作出了判决，但这一纠纷并未实际解决，司法功能并未彻底实现，也未达到"案结事了"的效果。上述两大核心价值观未能得以彰显。

德国民法典之父亲最终决定权条款违宪案

> 《德国基本法》（即德国宪法）第3条规定，一、法律之前人人平等。二、男女有平等之权利，国家应促进男女平等之实际贯彻，并致力消除现存之歧视。三、任何人不得因性别、出身、种族、语言、籍贯、血统、信仰、宗教或政治见解而受歧视或享特权。任何人不得因其残障而受歧视。德国民法典规定，夫妻双方均为子女的监护人，当监护人对被监护人的意见不一时，双方先进行协商；当双方经协商后仍然意见不一时，以父亲的意见为准。

就此，一些母亲依照程序向德国宪法法院提起宪法诉讼，要求审查德国民法典上述规定的合宪性。宪法法院受理、公开审理，并作出裁决，宣布民法典关于父亲最终决定权违反宪法，予以撤销，并且在判决中充分说明了作出这一决定的理由。宪法法院的公开程序和充分说明理由制度，向社会成员表明了法治和平等作为德国社会必须捍卫的核心价值的意义。

我国已经将法治国家作为国家建设的目标，《宪法》第5条规定，中华人民共和国实行依法治国，建设社会主义法治国家。如前所述，党的十八届四中全会决定明确指出，依法治国是实现国家治理体系和治理能力现代化的必然要求。要把法治作为治国理政的基本方式，要实现法治国家的建设目标，就必须建立合宪性审查制度。因此，党的十八届四中全会决定指出，要健全宪法实施和监督制度，完善全国人大及其常委会宪法监督制度，健全宪法解释程序机制。加强备案审查制度和能力建设，把所有规范性文件纳入备案审查范围，依法撤销和纠正违宪违法的规范性文件，禁止地方制发带有立法性质的文件。针对保证宪法实施的监督机制和具体制度还不健全的问题，习近平总书记明确要求，全国人大及其常委会和国家有关监督机关要担负起宪法和法律监督职责，加强对宪法和法律实施情况的监督检查，健全监督机制和程序，坚决纠正违宪违法行为。

要积极稳妥地推进合宪性审查工作。

基于具有我国特色的社会主义宪法体制，我国采用了最高国家权力机关进行合宪性审查的体制，而没有采用美国式的司法审查制、德国式的宪法法院审查制、法国式的宪法委员会审查制。《宪法》第 62 条规定，全国人大监督宪法的实施；第 67 条规定，全国人大常委会监督宪法的实施。据此，在我国，有权进行具有法律效力的宪法监督的主体是全国人大和全国人大常委会。

基于全国人大常委会是全国人大的常设机关，《立法法》第 99 条第 1 款规定，在我国进行经常性的宪法监督机关是全国人大常委会。同时，全国人大宪法和法律委员会与全国人大常委会法制工作委员会协助全国人大和全国人大常委会进行宪法监督的具体工作。

在最高国家权力机关行使宪法监督权的体制下，我国合宪性审查主要采用三项工作机制：（1）对规范性文件的备案审查；（2）由国务院、中央军委、最高人民法院、最高人民检察院及省级人大常委会向全国人大常委会提出合宪性审查要求；（3）其他国家机关和社会主体向全国人大常委会提出合宪性审查建议。

现行宪法颁行以后，全国人大及其常委会在合宪性审查工作方面已经做了大量的工作和努力，在制度建设和合宪性审查实际工作方面，取得了进展。

（1）将宪法规定具体化。2015年修正的《立法法》第99条第1款和第2款在宪法的基础上规定了在全国人大闭会期间进行合宪性审查的主体、启动合宪性审查的主体、合宪性审查的对象及程序。2000年10月16日第九届全国人民代表大会常务委员会第三十四次委员长会议通过《行政法规、地方性法规、自治条例和单行条例、经济特区法规备案审查工作程序》。2004年，全国人大常委会法制工作委员会内还设立了法规备案审查工作室，作为协助全国人大及其常委会进行合宪性审查的专门机构。2005年12月16日第十届全国人大常委会第四十次委员长会议完成了对《行政法规、地方性法规、自治条例和单行条例、经济特区法规备案审查工作程序》的修订，并通过了《司法解释备案审查工作程序》。2019年，委员长会议在总结经验的基础上，统一制定了《法规、司法解释备案审查工作办法》，以代替此前的两个备案审查工作程序。

（2）全国人大常委会首次听取法规备案审查工作报告。2017年12月14日召开的第十二届全国人大常委会第一百零五次委员长会议决定，审议全国人大常委会法制工作委员会关于第十二届全国人大以来暨2017年备案审查工作情况的报告。第十二届全国人大常委会第三十一次会议听取和审议了关于十二届全国人大以来暨2017年备案审查工作情况的报告，这是全国人大常委会首次听取相关工作报告。此后，全国人大常委会相继听取和审议了2018年、2019年和2020年备案审查工作情况的报告。

（3）开展了法规备案审查工作。2013～2017年，全国人大常委会法工委共接收各类审查建议1 527件，其中属于全国人大常委会备案审查范围的有1 206件。除根据审查建议进行被动审查外，主动审查工作也在大力推进。2017年已经完成对14件行政法规、17件司法解释、150余件地方性法规的主动审查研究工作。从2017年开始，对新增地方性法规也开展了主动审查，目前已完成审查150多件。对发现的与法律规定不一致的问题，依法开展督促纠正工作。如在2015年上半年发现最高人民法院2015年1月30日公布的《关于适用〈中华人民共和国民事诉讼法〉的解释》存在明显与法律规定不一致的问题，经沟通督促，最终最高人民法院提出了具体处理意见。2018年，法工委共收到公民、组织涉及规范性文件的各类来信来函4 578件，可以明确为审查建议的有1 229件，其中属于全国人大常委会备案审查范围的有112件。2019年对公民、组织提出的138件审查建议进行了审查研究，提出了处理意见并向建议人作了反馈。

（4）开展专项审查研究工作。2013～2017年对一万多件现行有效的地方性法规及有关规范性文件，有重点地开展了专项审查研究工作。2018年围绕贯彻全国人大常委会有关决议精神，推动生态环保方面规范性文件全面清理工作。经过一年多持续努力，各地清理发现存在与上位法规定不一致等问题需要研究处理的法规共1 029件，已总共修改514件、废止83件，还有432件已列入立法工作计划，拟抓紧修改或者废止。2019年，督促地方修改生态环保领域法规、司法解释等规范性文件300件、废止44件。同时，推动制定机关对集中清理过程中发现的37件部门规章、456件地方政府规章、2件司法解释以及11 000余件各类规范性文件及时修改、废止或者重新制定。督促地方对不符合加强食品药品安全监管要求、与党中央有关精神不符合、与上位法有关规定不符合的地方性法规及时予以修改或者废止，重点解决地方性法规与新修改的有关法律不一致、不配套的问题，以更好发挥法律体系整体功效。

（5）全国人大常委会公布了多起典型的审查案件。例如，根据2016年浙江省1位公民提出的审查建议，对有关地方性法规在法律规定之外增设"扣留非机动车并托运回原籍"的行政强制的问题进行审查研究，经与制定机关沟通，相关地方性法规已于2017年6月修改。

(6) 备案审查衔接联动机制发挥一定作用。为落实有件必备、有备必审、有错必纠的要求，全国人大常委会法工委建立健全与中共中央办公厅、国务院法制办公室、中央军委法制局之间的备案审查衔接联动机制。2017年通过该机制，向有关机关转送规范性文件审查建议37件。2018年对1 229件审查建议中除属于全国人大常委会备案审查范围的112件以外的其他审查建议，通过该机制转送有关方面研究处理，并对审查建议的办理情况进行跟踪。2019年，将88件不属于全国人大常委会审查范围的审查建议分别移送有关机关，其中，移送中央办公厅法规局5件，移送中央军委办公厅法制局1件，移送司法部40件，移送最高人民法院12件，移送最高人民检察院5件，移送省级人大常委会6件，同时移送司法部和省级人大常委会19件。

(7) 制定备案审查工作规范。自2016年以来，法工委已经研究制定了《对提出审查建议的公民、组织进行反馈的工作办法》，实现了反馈工作的常态化、制度化，还研究制定了《法规、司法解释备案审查工作办法》，使得备案审查各主要工作环节均形成制度，做到有章可循。

(8) 建立备案审查信息平台。全国人大备案审查信息平台已于2016年年底建成。2019年3月，栗战书委员长在向十三届全国人大二次会议作的全国人大常委会工作报告中提出:"建成全国统一的备案审查信息平台,推动地方人大信息平台延伸到设区的市、自治州、自治县。"通过各方面的不懈努力,除个别偏远地方外,地方人大备案审查信息平台已延伸到所有设区的市、自治州、自治县,有的已延伸到所有的县、市辖区、县级市。同时,不断完善优化备案审查工作流程,开展审查建议在线提交,努力提高备案审查工作信息化、便捷化水平。

但也不可否认,这项工作的实效性与我国社会的发展、变化和进步的需求之间还存在较大的差距。正是在这一背景下,党的十九大报告才明确提出,要推进合宪性审查工作,维护宪法权威。

在推进我国合宪性审查工作的过程中,首先必须解决的一个问题是,我国现行的合宪性审查制度没有获得预期效果,其主要原因何在,是否需要改变?换言之,是否应当废除我国现行的合宪性审查体制,转而模仿美国式的司法审查制、德国式的宪法法院审查制、法国式的宪法委员会审查制?

我国现行的人民代表大会制度决定了我国只能实行现行的合宪性审查制度,而不可能实行其他的体制。依据宪法规定,人民代表大会制度是我国的根本政治制度,是我国的政体,其组织原则是民主集中制。按照民主集中制原则，在国家机关之间的关系上，在同级国家机关之上设定一个由人民选举产生的代表组成的国家权力机关，国家权力机关产生其他国家机关、监督其他国家机关，其他国家机关向国家权力机关负责并报告工作；在所有国家机关之上设定一个最高国家权力机关，代表全国人民行使国家的最高权力，由其制定和修改宪法、制定和修改法律，所有的国家机关均在其之下，均受其监督。

美国式的司法审查制是由法院依据宪法对立法机关制定的法律合宪性进行审查，德国式的宪法法院审查制和法国式的宪法委员会审查制是在立法机关、行政机关、司法机关之外，另行设立宪法法院、宪法委员会，由其审查立法机关制定的法律的合宪性。因此，无论是采用美国式，还是德国式、法国式，均与我国所实行的人民代表大会制度相违背。在人民代表大会制度之下，只能由作为最高国家权力机关的全国人大和全国人大常委会行使合宪性审查权，而不可能由在其之下的国家机关审查最高国家权力机关的法律的合宪性，也不可能另设与其平行甚至在其之上的机构去审查最高国家权力机关的法律。

我国现行的合宪性审查制度没有获得实效性，没有充分发挥出这一制度在国家生活和社会生活中的特殊功能，说明这一体制具有很大的完善空间。党的十八届四中全会决定明确要求，这一制度在法治国家建设的大背景下，必须在坚持原有的宪法监督体制的基础上，进一步"健全"、"完善"和"加强"。推进合宪性审查工作是一项系统工程，必须协调、整体推进。

1. 强化合法性审查作为合宪性审查过滤机制的功能

依据公权力的公定力原理，立法机关在制定法律以后，虽然该法律存在合宪与违宪两种可能性，但为了公共利益的实现和法律的权威性，在审查机关作出撤销该法律决定之前，该法律被推定为合宪。那么，既然该法律是合宪的，当然具有法律效力，所有的社会成员均必须遵从。因此，在需要依据法规范对某项行为作出判断时，"法律适用优先""穷尽法律适用"，即对某项行为先进行合法性审查，成为合宪性审查的一项重要的过滤机制。换言之，在有法律规定的情况下，必须优先适用法律进行审查判断，而没有必要适用宪法进行审查判断。在穷尽法律适用之后，仍然无法作出判断的情况下，才有必要适用宪法，作出宪法上的判断。

在需要对某个行为作出法规范上的判断时，采用法律适用优先原则。即如果存在法律规范时先适用法律规范进行判断，在没有法律规范或者适用法律规范仍然不能作出判断时，才适用宪法规范。从当事人权利救济的角度看，必须先穷尽法律救济,然后才能寻求宪法救济。对于社会生活中出现的某个特定问题,在法规范上处理这一问题的逻辑思维是,首先将其作为一个法律问题对待并予以解决,只有是其在作为法律问题、在法律范畴之内无法得到解决时,才将其作为一个宪法问题、在宪法范畴之内进行解决。所谓作为法律问题无法得到解决,或者在法律范畴之内无法得到解决,是指或者是存在宪法规范但缺乏将宪法规范具体化的法律规范,或者是存在将宪法规范具体化的法律规范,但该法律规范是否与宪法规范相抵触存在疑义,如果直接适用存在疑义的法律规范去解决法律问题,该法律问题的处理结果必然同样存在疑义。在这两种情况下,如果不适用宪法规范,就无法作出法规范上的判断。

2. 限定启动合宪性审查程序的主体资格

从世界各国合宪性审查体制下所赋予启动合宪性审查程序主体资格中可以看出,其通常体现了以下两大理念:

第一,宪法权利救济的理念。美国式的司法审查、德国式的具体案件审查和宪法诉愿、法国式的具体案件审查均是如此。只有当法律实施以后,实际形成案件,或者说是特定当事人的宪法权利受到了实际侵害时,在普通法律诉讼中,或者在普通法律诉讼结束以后,由案件的当事人启动合宪性审查程序,作为宪法权利救济的途径和手段。

无论是赋予审理案件的法院启动合宪性审查程序的主体资格，还是赋予案件当事人启动合宪性审查程序的主体资格，其目的均在于为宪法权利的实际受害人提供宪法救济。

第二，保障宪法秩序的理念。在法律生效之前，或者在法律实施以后的一段时间内，在未发生案件的情况下，可以由特定的领导人或者国家机关启动合宪性审查程序。德国式之抽象原则审查、法国式之预防性审查和抽象原则审查，其直接目的均在于保障宪法秩序，但实际上达到了保障公民宪法权利的客观效果。

依据《立法法》第 99 条第 2 款的规定，在我国，所有的社会主体有权在不附加任何条件的情况下，均有资格向全国人大常委会提出合宪性审查建议。为什么需要将启动合宪性审查程序的主体资格赋予上述如此广泛的主体呢？换言之，这些主体为什么要获得启动合宪性审查程序的主体资格？

我国《立法法》第 99 条第 2 款关于启动合宪性审查主体资格的规定，体现了人民监督政府的"政治监督"理念。从政治理论上看，近代以来奉行人民主权原理，国家权力属于人民，人民应当监督政府。但这一政治理论必须转化为具有可操作的合宪性审查制度下的监督制度。

在众所周知的"孙志刚事件"中，三位博士和五位教授依据《立法法》第 99 条第 2 款的规定，以公民身份向全国人大常委会申请启动合宪性审查；69 名教授以公民的身份，以劳动教养制度违反宪法为由，向全国人大常委会申请启动合宪性审查。此外，还有其他类似的以公民身份申请启动的案例。

法国之所以未采纳欧洲其他国家所保留的普通法律案件当事人在穷尽法律救济之后向宪法法院启动合宪性审查的做法，其主要原因在于，欧洲其他国家这一做法的缺陷是，由于启动主体资格和条件过宽，使得案件太多，宪法法院根本无力审结当年启动的案件，因日积月累，宪法法院只能审理七八年前的案件，致使宪法法院的审查活动丧失了现实功能。而根据欧洲其他国家的统计，事实上，在公民个人启动合宪性审查程序的案件中，只有大约 1‰ 的部分才能实际进入宪法法院的实质审查阶段。①

在欧洲国家宪法法院审查制下，宪法及宪法法院法对公民个人启动合宪性审查程序规定了严格的资格和条件，即便如此，宪法法院仍不堪重负。

笔者认为，我国有权提出合宪性审查建议的资格只应当赋予以下主体。

(1) 审理案件的法院。法院的基本职能是通过审理案

---

① 胡锦光. 违宪审查比较研究. 北京：中国人民大学出版社，2006：209.

件、裁判纠纷，给案件当事人提供权利救济。法院在查明案件事实的基础上，必须选择一个恰当的法律规范作为裁判依据。在选择适用法律规范时，案件当事人认为该法律规范违反宪法，而向法院提出异议，或者审理案件的法院认为该法律规范违反宪法，如果直接适用该法律规范作出裁判，则可能侵犯当事人的宪法权利时，法院有必要向拥有合宪性审查权的全国人大常委会提出审查建议。如此，才能保证法院裁判的合宪性及彻底实现解决纠纷之司法裁判功能。如果法院自身都认为所选择适用的法律规范存在违反宪法的可能性，而又直接依据该法律规范作出裁判，该裁判只能是表面上对纠纷作出了判断，实际上纠纷并没有解决。

任何一个法院在审理案件时都有可能遇到上述情形，因此，应当赋予所有的法院向全国人大常委会提出合宪性审查建议的资格。法院在当事人对选择适用的法律规范的合宪性提出的异议并予以认同，或者自身认为作为该案件裁判依据的法律规范存在合宪性疑义时，先裁定中止诉讼，再提请全国人大常委会审查。待全国人大常委会经过审查得出结论以后，再恢复诉讼，作出裁判。

法院以外的其他国家机关并不审理具体案件，并不需要为当事人提供救济，而为了维持宪法秩序已经赋予各系统最高国家机关提请全国人大常委会审查的主体资格。因此，立法法赋予这些国家机关启动合宪性审查程序主体资格，实无必要。

(2) 案件当事人。案件当事人应当有权在诉讼过程中，向审理案件的法院提出所选择适用的法律规范的合宪性异议。如果法院同意当事人的异议，即向全国人大常委会提出审查建议。反之，如果法院不同意当事人的异议，认为所选择适用的法律规范符合宪法，则直接依据该法律规范作出裁判。在此情况下，本着权利救济的理念，应当赋予当事人在法院裁判作出以后，向全国人大常委会提出审查建议的主体资格。赋予案件当事人质疑法律规范违反宪法的资格，是作为当事人的救济权利而设定的，因此，其资格只限于与案件有利害关系的当事人。"利害关系"应当包括与案件有法律上的利害关系及结果上的利害关系。按照这一标准，有资格提出异议的当事人应当包括原告、被告、有独立诉讼请求权的第三人和无独立诉讼请求权的第三人。除此之外的其他社会主体即使认为法律规范可能与宪法相抵触，也不得向法院提出异议。换言之，法院只有依据案件当事人所提出的异议，才能对法律规范的合宪性确定自己的意见。

案件当事人向全国人大常委会直接提出审查建议必须

具备以下条件：其一，宪法权利的实际受害人。法院如果适用了违反宪法的法律规范，则必然侵犯了当事人的宪法权利。作为宪法救济的手段，当事人应当具有挑战该法律规范的主体资格。当事人以外的其他社会主体，其宪法权利并未受到实际侵害，因此，没有必要赋予其挑战法律规范的主体资格。其二，穷尽法律救济。依据公权力的公定力原理，法律依照法定程序制定以后，虽然存在合宪与不合宪两种可能性，但为保证公共利益的实现，推定该法律合宪。在合宪性审查机关撤销该法律之前，该法律是合宪有效的。法律依据宪法而制定，在法律制定以后，宪法的理念、基本原则、规范内涵隐含在法律之中，法律的适用实际上意味着宪法的适用。同理，法律权利是宪法权利的具体化，法律权利受到了保护，意味着宪法权利受到了保护；法律权利获得了救济，意味着宪法权利获得了救济。在法律的合宪性未受到挑战的情况下，适用法律给予当事人的法律权利以法律救济，实际上意味着当事人的宪法权利获得了救济。因此，只有在当事人穷尽法律救济之后，仍然认为自己的宪法权利受到了侵犯，即因法律违反了宪法，适用违反宪法的法律，必须给予当事人以宪法救济的权利来保护自己的宪法权利。换言之，当事人只有在法院作出终审裁判之后，认为法院裁判所依据的法律违反了宪法，才可以向全国人大常委会直接提出合宪性审查建议。其三，只限于对法律文件的合宪性提出审查建议。全国人大常委会只对法律文件的合宪性进行审查，而并不审理具体案件。因此，当事人在穷尽法律救济之后，只可以对法院裁判所选择适用的法律规范的合宪性提出审查请求，而不能对法院所审理的具体案件中的当事人之间权利义务纠纷向全国人大常委会提出审理请求。其四，法定时效。为了维持社会秩序的稳定性，同时也考虑到全国人大常委会对法律文件审查能力的承受力，依照我国诉讼法上关于诉讼时效的一般规定，以及参照宪法法院审查制国家的做法，以规定在法院作出终局裁判之日起六个月内提出合宪性审查建议的期限为宜。

所有的社会主体都有可能成为案件的当事人，但只有在符合上述四个条件的前提下，才具有向全国人大常委会提出合宪性审查建议的资格。

笔者认为，对《立法法》第99条第2款的规定应当作出如下修改："人民法院在审理案件过程中，或者案件当事人在穷尽法律救济之后的六个月内，如果认为行政法规、地方性法规、自治条例和单行条例同宪法或者法律相抵触的，可以向全国人民代表大会常务委员会书面提出进行审查的建议，由常务委员会工作机构进行研究，必要时，送有关的专门委员会进行审查、提出意见。"

3. 设立宪法委员会

鉴于前几部宪法的命运，1982年宪法草案在征求意见时，许多学者主张设立宪法委员会、宪法监督委员会、宪法法院，作为协助全国人大及其常委会进行合宪性审查的专门机关。1982年宪法起草委员会秘书处在讨论稿中曾经对宪法委员会草拟了两个方案：（1）设立在宪法地位上与全国人大常委会相平行的宪法委员会，这是主导性意见；（2）设立在宪法地位上低于全国人大常委会的宪法委员会。1982年宪法草案在全民讨论中，又有许多人建议设立宪法委员会协助全国人大及其常委会进行合宪性审查工作。1982年宪法通过之后，王叔文等30位全国人大代表曾联名提案，建议在最高国家权力机关设置专门的宪法监督机构。

依据宪法规定，全国人大和全国人大常委会是我国进行合宪性审查的机关，但全国人大和全国人大常委会作为一个人数相对较多的议事机关，要对规范性法律文件的合宪性进行实质审查是不太可能的。因此，现行宪法规定，全国人大设专门委员会协助全国人大和全国人大常委会工作，包括进行合宪性审查工作。但全国人大的各专门委员会分工不同、职能分散，要依照统一宪法标准进行合宪性审查存在一定的困难。以前实际上是由作为全国人大常委会工作机构的法制工作委员会负责合宪性审查工作。按照现行的立法工作程序,全国人大常委会法工委所要承担的立法调研、立法起草等工作任务是非常繁重的,同时还要承担备案工作。在这些工作任务之外,由其进行具体的合宪性审查工作,的确难堪重负。特别是,全国人大常委会法工委的性质是全国人大常委会的工作机构,由其进行合宪性审查,与其性质不十分相符。

为解决协助全国人大和全国人大常委会进行合宪性审查的专门机构问题,中共中央关于《深化党和国家机构改革方案》要求,为弘扬宪法精神,增强宪法意识,维护宪法权威,加强宪法实施和监督,推进合宪性审查工作,将全国人民代表大会法律委员会更名为"全国人民代表大会宪法和法律委员会"。2018年,全国人大通过宪法修正案将全国人民代表大会法律委员会正式更名为"全国人民代表大会宪法和法律委员会"。宪法修正案通过后,全国人大常委会作出《关于全国人民代表大会宪法和法律委员会职责问题的决定》:全国人民代表大会宪法和法律委员会在继续承担统一审议法律草案工作的基础上,增加推动宪法实施、开展宪法解释、推进合宪性审查、加强宪法监督、配合宪法宣传等工作职责。

全国人大宪法和法律委员会实际上是"宪法委员会"

和"法律委员会"的合一，既承担宪法委员会的职责，也承担原法律委员会的职责。其合宪性审查职责，主要是在审议法律草案过程中完成的，而对于法律特别是法律以下的法律文件生效以后的合宪性审查，事实上并不承担主要的审查职责，仍然是由全国人大常委会法工委承担。因此，为有效推进我国的合宪性审查工作，未来仍有必要设立专门的宪法委员会。

设立宪法委员会，其性质为全国人大的专门委员会，其地位是全国人大和全国人大常委会的协助机构，并不具有宪法上的独立地位，与我国的人民代表大会制度相符合。该委员会不同于法国的宪法委员会。法国的宪法委员会是独立于立法机关、行政机关及司法机关之外的机构，我国所设立的宪法委员会是在全国人大之内作为协助全国人大和全国人大常委会进行合宪性审查的专门委员会性质的机构。该委员会专门协助宪法监督机关进行工作，全国人大其他专门委员会可以集中精力专司其职，同时又保证了宪法的统一性。

全国人大常委会法工委在法规备案审查过程中，如果发现被审查的规范性法律文件存在与宪法不一致的可能时，提交宪法委员会进行合宪性审查，两者的分工非常清晰，即宪法委员会对规范性法律文件进行合宪性审查工作，全国人大常委会法工委对规范性法律文件进行合法性审查工作。

设立专门的宪法委员会的优势在于：（1）在实际允许宪法权利受害人在穷尽法律救济之后，提出审查请求时，解决审查供给能力不足问题。全国人大常委会法工委关于备案审查工作情况报告中也提出，地方性法规数量众多，截至2016年年底，共有1万多件地方性法规，全部逐件逐条进行审查研究，短时间内不可能实现。（2）宪法委员会设立于作为最高国家权力机关的全国人大，可以解决审查体系的统一性问题。（3）可以解决合宪性审查的公开化问题。（4）可以解决由全国人大不同的专门委员会及全国人大常委会法工委进行合宪性审查的标准统一性问题。

4. 制定专门的"宪法监督法"

（1）明确合宪性审查的对象。目前，关于合宪性审查的对象是分散规定在《宪法》《立法法》《全国人大组织法》《监督法》《地方组织法》《法规、司法解释备案审查工作办法》之中的。作为主要审查依据的是《法规、司法解释备案审查工作办法》，而该办法是由全国人大常委会委员长会议通过的，其法律性质并不明确。因此，急需制定一部专门的"宪法监督法"或者"宪法委员会组织法"，以明确合宪性审查的对象。①

（2）审查程序规范化。目前，合宪性审查程序是由《立法法》《法规、司法解释备案审查工作办法》规定的。其关于审查程序的规定主要是针对法规备案审查工作而作出的，对依据《立法法》第99条提出的审查请求的审查程序规定缺乏严密性，如启动的条件、受理的形式审查、受理程序、审查原则（如公开审查原则）、审查程序、决定的形式、决定的效力等，均未有明确规定。笔者认为，此一程序完全可以参照司法程序进行设计。

（3）明确合宪性审查的方式。从各国合宪性审查的制度规定看，合宪性审查的方式包括预防性审查，即在法律文件生效前进行审查；原则审查，即在法律文件生效以后发生具体案件前进行审查；具体案件审查，即在法律文件生效以后发生了具体案件时的审查。合宪性审查也可以区分为抽象审查和具体案件的审查。前者是在没有发生案件的情况下的审查，后者是在发生具体案件之后的审查。那么，全国人大常委会对法律文件的合宪性审查，哪些情况下可以进行抽象审查，哪些情况下可以进行案件审查，需要具体区分。在案件审查的情况下，初审法院在审理案件

---

① 笔者认为，在已有规定的基础上，应当将法律、党内法规、军事法规纳入合宪性审查的对象范围。

过程中发现法律文件可能与宪法相抵触并存在争议的,能否提请审查?除最高人民法院以外的下级人民法院在审理案件过程中,发现法律文件可能与宪法相抵触的,是通过最高人民法院提请全国人大常委会审查,还是直接向全国人大常委会提请审查?如果是只能通过最高人民法院提请审查,是逐级上报还是直接上报最高人民法院?

(4)明确宪法责任。从其他国家合宪性审查的实践看,合宪性审查的结论主要分为违宪与合宪两种。在违宪之中又区分为立法违宪与适用违宪。在适用违宪之中,又区分完全违宪、确认违宪但有效等。在合宪之中区分完全合宪、合宪但警告、合宪但限期改正等。依据立法法的规定,全国人大常委会如果认为不合宪,采用的追究责任的方式是责令制定机关自行纠正、在拒不纠正的情况下宣布撤销。

在我国人民代表大会制的宪法体制下,全国人大常委会如果认为法律文件不合宪,可以采用的追究责任方式应当包括:(1)对交来批准的自治条例和单行条例不予批准;(2)对交来批准的自治条例和单行条例不予批准并责令修改;(3)责令自行修改;(4)撤销;(5)改变。全国人大常委会认为国家机关工作人员的行为不合宪,有权予以罢免。

四、宪法至上：健全宪法解释程序机制

现行《宪法》第67条规定："全国人民代表大会常务委员会行使下列职权：（一）解释宪法，监督宪法的实施……"据此，在宪法解释体制上，我国采用的是最高国家权力机关解释制。

宪法解释与宪法实施，特别是与合宪性审查存在着密切的不可分割的关系。宪法作为国家的根本法，是由一些基本原则和相对比较抽象的规范组成的。宪法是在宏观层次、总括性地对国家生活和社会生活中的重大问题作出规范，在宪法层面上，不可能对其所调整的社会关系作出具体的规范，而是由其他层次包括法律在内的法律文件将其进一步具体化。因此，在宪法实施过程中，不可避免地会出现疑义，这就有必要对宪法规范的具体含义进行解释。在合宪性审查过程中，特别是在存在具体的宪法争议的案件中，需要依据宪法对法律文件的合宪性作出判断，必须对宪法规范的含义作出解释。在各国合宪性审查体制下，凡是拥有合宪性审查权的国家机关均具有宪法解释权，凡是拥有宪法解释权的国家机关均拥有合宪性审查权，两者在主体上是同一的。当然，宪法解释的目的与合宪性审查的目的是不同的。除在合宪性审查过程中需要解释宪法外，

在宪法实施过程中也需要解释宪法。

自我国第一部宪法即 1954 年宪法颁布实施以来至今，虽然宪法明确规定了宪法解释机关，但在我国是否有宪法解释及何者为宪法解释问题上，学界一直存在争议。其基本原因是：（1）立法权与宪法解释权主体同一。立法是对宪法内容的具体化过程，其中包含对宪法规范含义的理解；宪法解释更是直接对宪法规范具体含义的理解。全国人大和全国人大常委会行使国家立法权，制定法律，而同时，全国人大常委会又有权解释宪法。那么，因立法权与宪法解释权主体同一，全国人大和全国人大常委会作出的决定、决议，何者为立法，何者为宪法解释，难以区分。在实行其他合宪性审查体制的国家，立法权主体与宪法解释主体是分离的，因此，易于识别。（2）宪法解释权与法律解释权主体同一。依据宪法规定，全国人大既解释宪法又解释法律，那么，何者为宪法解释，何者为法律解释，难以区分。（3）缺乏实效性的宪法监督程序运行机制。宪法监督程序的启动通常源于一个特定的宪法争议，为了有效地、说理性地解决宪法争议，就必须先对宪法规范的含义作出解释，然后才能作出是否合宪的宪法判断。（4）迷信宪法修改，轻视宪法解释。当宪法规范与社会实际之间发生冲突时，为保持宪法的稳定性，并由此维护宪法尊严，通常采用的方法是解释宪法，以适应社会实际的需要。只有在解释宪法仍然无法使宪法规范与社会实际保持一致时，才不得不采用修改宪法的方式。宪法修改的方式必然会对宪法原有的规范带来变动，因而损害宪法的稳定性。现行宪法自1982年公布实施以来，全国人大分别于1988年、1993年、1999年、2004年和2018年对现行宪法以修正案的方式进行了修改，通过的修正案条款达52条之多。实际上，其中一部分条款完全可以采用宪法解释的方式，而没有必要采用宪法修改的方式。

除需要转变重视宪法修改而轻视宪法解释的观念，为了保证宪法解释的顺利展开，急需制定一部"宪法解释程序法"，以规范全国人大常委会的宪法解释活动。十八届四中全会决定和十九届四中全会决定都明确要求，必须完善我国的宪法解释程序机制。

这部法律需要明确以下内容：（1）宪法解释案的提议主体资格。《宪法》第64条规定，宪法的修改，由全国人民代表大会常务委员会或者五分之一以上的全国人民代表大会代表提议，并由全国人民代表大会以全体代表的三分之二以上的多数通过。《全国人民代表大会组织法》第32条规定，全国人民代表大会各专门委员会、国务院、中央军事委员会、最高人民法院、最高人民检察院，可以向常务委员会提出属于常务委员会职权范围内的议案，由委员长会议决定提请常务委员会会议审议，或者先交有关的专门委员会审议、提出报告，再提请常务委员会会议审议。常务委员会组成人员10人以上可以向常务委员会提出属于常务委员会职权范围内的议案，由委员长会议决定是否提请常务委员会会议审议，或者先交有关的专门委员会审议、提出报告，再决定是否提请常务委员会会议审议。但是，现行宪法和其他有关法律均未规定哪些主体有权提出宪法解释案。宪法解释的效力要高于法律解释的效力，因此，宪法解释案的提案主体条件应当严于法律的提案主体条件。(2) 宪法解释案的审议程序。如宪法解释草案是否应当公开征求意见、审议过程是否需要"三读"等，现行宪法和有关法律对此也没有作出规定。(3) 宪法解释案的通过程序。宪法和宪法修正案需要全国人大全体代表三分之二以上通过，宪法解释的效力与宪法的效力是相同的，高于法律的效力。法律的修改由全国人大常委会全体委员二分之一以上通过。因此，宪法解释案应当以由全国人大常委会全体委员的三分之二以上通过为宜。(4) 宪法解释案的格式。为区别宪法解释和法律解释，宪法解释案从标题到内容行文，应当具有特定的格式。(5) 宪法解释案的效力。宪法解释是对宪法规范内涵的说明，与宪法应当具有同等的效力。这一点应当在"宪法解释程序法"中作出明确的规定。(6) 宪法解释案的公布主体和公布载体。宪法规定，全国人大和全国人大常委会制定的法律由国家主席公布。宪法未规定宪法及宪法修正案公布的主体，按照惯例，宪法及宪法修正案由全国人大公告公布。对于宪法解释案的公布主体，宪法没有规定。宪法解释案由全国人大常委会通过，应当以由全国人大常委会公布为宜。公布载体应当为《全国人民代表大会常务委员会公报》。

五、法律至上：合法性审查

法律的生命力在于实施，法律的权威也在于实施。党的十八届四中全会决定依据我国社会实行改革开放政策以来的发展变化实际，要求强化法律在维护群众权益、化解社会矛盾中的权威地位，引导和支持人们理性表达诉求、依法维护权益，解决好群众最关心最直接最现实的利益问题。

维护法律的权威，首先必须保证法律之下的法律文件与法律保持一致。换言之，在出现法律文件是否与法律相抵触的疑义时，预设某种机制，依据法律对法律文件进行合法性审查。

1. 全国人大常委会的合法性审查机制

全国人大常委会的合法性审查机制主要有批准审查、

备案审查和提请审查。

(1) 批准审查

《宪法》第 116 条规定，民族自治地方的人民代表大会有权依照当地民族的政治、经济和文化的特点，制定自治条例和单行条例。自治区的自治条例和单行条例，报全国人民代表大会常务委员会批准后生效。《民族区域自治法》第 20 条规定，上级国家机关的决议、决定、命令和指示，如有不适合民族自治地方实际情况的，自治机关可以报经该上级国家机关批准，变通执行或者停止执行；该上级国家机关应当在收到报告之日起 60 日内给予答复。《立法法》第 75 条规定，自治条例和单行条例可以依照当地民族的特点，对法律和行政法规的规定作出变通规定，但不得违背法律或者行政法规的基本原则，不得对宪法和民族区域自治法的规定以及其他有关法律、行政法规专门就民族自治地方所作的规定作出变通规定。

全国人大常委会在对自治条例和单行条例变通执行或者停止执行决定的批准过程中，可以对其进行合法性审查。

(2) 备案审查

《立法法》第 98 条规定，行政法规、地方性法规、自治条例和单行条例、规章应当在公布后的 30 日内依照下列规定报有关机关备案：1) 行政法规报全国人民代表大会常务委员会备案；2）省、自治区、直辖市的人民代表大会及其常务委员会制定的地方性法规，报全国人民代表大会常务委员会和国务院备案；设区的市、自治州的人民代表大会及其常务委员会制定的地方性法规，由省、自治区的人民代表大会常务委员会报全国人民代表大会常务委员会和国务院备案；3）自治州、自治县的人民代表大会制定的自治条例和单行条例，由省、自治区、直辖市的人民代表大会常务委员会报全国人民代表大会常务委员会和国务院备案；自治条例、单行条例报送备案时，应当说明对法律、行政法规、地方性法规作出变通的情况。该法第99条规定，有关的专门委员会和常务委员会工作机构可以对报送备案的规范性文件进行主动审查。

全国人大常委会对交来备案的行政法规、地方性法规、自治条例和单行条例，可以进行合法性审查。

（3）提请审查

《立法法》第99条第1款规定，国务院、中央军事委员会、最高人民法院、最高人民检察院和各省、自治区、直辖市的人民代表大会常务委员会认为行政法规、地方性法规、自治条例和单行条例同宪法或者法律相抵触的，可以向全国人民代表大会常务委员会书面提出进行审查的要求，由常务委员会工作机构分送有关的专门委员会进行审查、提出意见。第 2 款规定，前款规定以外的其他国家机关和社会团体、企业事业组织以及公民认为行政法规、地方性法规、自治条例和单行条例同宪法或者法律相抵触的，可以向全国人民代表大会常务委员会书面提出进行审查的建议，由常务委员会工作机构进行研究，必要时，送有关的专门委员会进行审查、提出意见。

《立法法》第 100 条规定，全国人民代表大会专门委员会、常务委员会工作机构在审查、研究中认为行政法规、地方性法规、自治条例和单行条例同宪法或者法律相抵触的，可以向制定机关提出书面审查意见、研究意见；也可以由法律委员会与有关的专门委员会、常务委员会工作机构召开联合审查会议，要求制定机关到会说明情况，再向制定机关提出书面审查意见。制定机关应当在两个月内研究提出是否修改的意见，并向全国人民代表大会法律委员会和有关的专门委员会或者常务委员会工作机构反馈。全国人民代表大会法律委员会、有关的专门委员会、常务委员会工作机构根据上述规定，向制定机关提出审查意见、研究意见，制定机关按照所提意见对行政法规、地方性法规、自治条例和单行条例进行修改或者废止的，审查终止。全国人民代表大会法律委员会、有关的专门委员会、常务委员会工作机构经审查、研究认为行政法规、地方性法规、自治条例和单行条例同宪法或者法律相抵触而制定机关不予修改的,应当向委员长会议提出予以撤销的议案、建议,由委员长会议决定提请常务委员会会议审议决定。

《立法法》第101条规定,全国人民代表大会有关的专门委员会和常务委员会工作机构应当按照规定要求,将审查、研究情况向提出审查建议的国家机关、社会团体、企业事业组织以及公民反馈,并可以向社会公开。

全国人大常委会对行政法规、地方性法规、自治条例和单行条例的提请式的合法性审查,在启动主体、审查程序上是与合宪性审查合一的。

全国人大常委会为最高国家权力机关的常设机关,这是由其性质、地位所决定的,同时其又拥有法律解释权,其审查的基准是全国人大和全国人大常委会制定的法律,审查的效力是最高的。为保证法律的权威性和统一性,全国人大常委会应当公开地、有实效性地进行合法性审查活动。

2017年以来,全国人大常委会依据法律对地方性法规进行了大量的合法性审查工作,责令制定与法律相抵触的地方性法规的地方人大常委会应当及时纠正,以保证法律的权威性。

2. 国务院的合法性审查机制

全国人大常委会于1981年作出《关于加强法律解释工

作的决议》，规定不属于审判和检察工作中的其他法律、法令如何具体应用的问题，由国务院及主管部门进行解释。由此，国务院获得了法律的解释权。

《行政法规制定程序条例》第 31 条规定，行政法规的规定需要进一步明确具体含义的，或者行政法规制定后出现新的情况，需要明确适用行政法规依据的，由国务院解释。行政法规的解释与行政法规具有同等效力。据此，国务院具有法律解释权和行政法规解释权，可以依据法律和行政法规对其之下的法律文件的合法性进行审查。

《立法法》第 98 条规定，省、自治区、直辖市的人民代表大会及其常务委员会制定的地方性法规，报全国人民代表大会常务委员会和国务院备案；设区的市、自治州的人民代表大会及其常务委员会制定的地方性法规，由省、自治区的人民代表大会常务委员会报全国人民代表大会常务委员会和国务院备案；部门规章和地方政府规章报国务院备案。

《立法法》第 95 条规定，地方性法规与部门规章之间对同一事项的规定不一致，不能确定如何适用时，由国务院提出意见，国务院认为应当适用地方性法规的，应当决定在该地方适用地方性法规的规定；认为应当适用部门规章的，应当提请全国人民代表大会常务委员会裁决；部门规章之间、部门规章与地方政府规章之间对同一事项的规定不一致时,由国务院裁决。

《立法法》第97条规定,国务院有权改变或者撤销不适当的部门规章和地方政府规章。

3. 法院的合法性审查机制

法院在审理行政案件过程中,可能遇到行政行为所依据的规范性法律文件是否合法的问题。行政诉讼法授予法院对规章及规章以下规范性法律文件的合法性以审查权。《行政诉讼法》第6条规定,人民法院审理行政案件,对行政行为是否合法进行审查。这里的"行政行为"包括具体行政行为和抽象行政行为。《行政诉讼法》第53条规定,公民、法人或者其他组织认为行政行为所依据的国务院部门和地方人民政府及其部门制定的规范性文件不合法,在对行政行为提起诉讼时,可以一并请求对该规范性文件进行审查。这里的"规范性文件"不含规章。根据该法第63条规定,人民法院审理行政案件,以法律和行政法规、地方性法规为依据。地方性法规适用于本行政区域内发生的行政案件。人民法院审理民族自治地方的行政案件,并以该民族自治地方的自治条例和单行条例为依据。人民法院审理行政案件,参照规章。

可见,公民、法人或者其他组织在起诉时,认为规范性文件（不含规章）不合法，有权请求法院进行合法性审查。法院可以基于自身审理案件的需要，对规章的合法性进行审查。

六、法律至上：审判独立

在中国特色社会主义法律体系已经形成的大背景下，依法治国的关键在于法律的实施。法律的实施要求所有的国家机关必须严格依法办事，做到不得超越职权，不得滥用职权，正确适用法律，程序正当合法，主要证据确凿充分，合理行使职权。新时代的我国正处于社会转型期，呈现利益多元化的社会格局，各种矛盾纠纷、利益冲突复杂交错，只有依法办事、严格遵循制度和规则办事，才能妥善处理和协调不同利益之间的矛盾和冲突。

实行改革开放政策以来，我国社会的发展变化和进步，决定了必须运用法治思维和法治方式处理问题。全国人大和全国人大常委会制定的法律是纸面上的法律，一个社会实际上的、真正意义上的法律是法院的裁判书。因为法院是依据法律解决社会矛盾纠纷的最终机关。法院和法官在裁判案件时，如果眼睛里只有法律，那么，纸面上的法律就可以变为真正意义上的法律；如果眼睛里没有法律，那么，全国人大和全国人大常委会的法律制定得再好、体系再完整、文字表述再准确、规范结构再严谨,也毫无意义,纸面上的法律只能停留在纸面上。如何使法院和法官的眼睛里只有法律而没有其他因素?唯一的机制只能是审判独立。只有法院和法官独立,没有外在的和内在的任何干预,法院和法官才能依法独立审判,法律在社会生活中的权威作用才能真正发挥出来。正因为如此,现行《宪法》第131条规定,人民法院依照法律规定独立行使审判权,不受行政机关、社会团体和个人的干涉。

近些年来,我国一直致力于司法改革。司法改革的目的就在于,保证法院能够依法独立公正地审理案件。司法改革的所有举措都是为了实现这一目的。党的十八届四中全会召开以后,为落实四中全会决定的精神,党中央及最高司法机关加快了司法改革的进程。按照党的十八届四中全会决定,主要从以下三个方面维护法律的权威作用。

1. 保证审判独立

根据党中央的判断,影响审判权独立行使的主要因素有两个。

(1)领导干部干预司法活动。因此,要完善确保依法独立公正行使审判权和检察权的制度,建立领导干部干预司法活动、插手具体案件处理的记录、通报和责任追究制度。任何党政机关和领导干部都不得让司法机关做违反法定职责、有碍司法公正的事情，任何司法机关都不得执行党政机关和领导干部违法干预司法活动的要求。对干预司法机关办案的，给予党纪政纪处分；造成冤假错案或者其他严重后果的，依法追究刑事责任。2015年3月30日中共中央办公厅、国务院办公厅印发了《领导干部干预司法活动、插手具体案件处理的记录、通报和责任追究规定》，2015年3月26日中央政法委印发了《司法机关内部人员过问案件的记录和责任追究规定》（中政委〔2015〕10号）。为保障人民法院依法独立公正行使审判权，最高人民法院结合审判工作实际，制定了《人民法院落实〈领导干部干预司法活动、插手具体案件处理的记录、通报和责任追究规定〉的实施办法》。为保证检察机关依法独立公正行使检察权，最高人民检察院制定了《关于检察机关贯彻执行〈领导干部干预司法活动、插手具体案件处理的记录、通报和责任追究规定〉和〈司法机关内部人员过问案件的记录和责任追究规定〉的实施办法（试行）》。各地也根据党的十八届四中全会决定的精神，制定了相应的规定和办法。党的十八届四中全会以后，中纪委对于数十位干预司法活动的领导干部作出了处理。

（2）地方干预。我国是按照行政区划的格局设置法院的，法院的层级与行政区划基本上是一致的。县级行政区域设置基层人民法院，地级市行政区域设置中级人民法院，省级行政区域设置高级人民法院，全国设置一个最高人民法院。法院的院长、副院长、法官均由本地的人大或人大常委会选举、任命，法院向本地的人大和人大常委会负责并报告工作，法院的人财物均由本地相关机关掌握。在立案、审理、判决、执行等诸环节，法院受到地方一定程度的干预，严重影响了其独立性。为了避免地方干预，党的十八届三中全会决定要求，确保依法独立公正行使审判权检察权。改革司法管理体制，推动省以下地方法院、检察院人财物统一管理，探索建立与行政区划适当分离的司法管辖制度，保证国家法律统一正确实施。党的十八届四中全会决定提出，要优化司法职权配置，推动实行审判权和执行权相分离的体制改革试点，最高人民法院设立巡回法庭，探索设立跨行政区划的人民法院和人民检察院，探索建立检察机关提起公益诉讼制度。

2. 维护司法权威

按照党的十八届四中全会决定的部署，主要从以下三个方面着手。

(1) 健全行政机关依法出庭应诉、支持法院受理行政案件、尊重并执行法院生效裁判的制度。对此，行政诉讼法作出了具体化的规定。《行政诉讼法》第3条规定，人民法院应当保障公民、法人和其他组织的起诉权利，对应当受理的行政案件依法受理。行政机关及其工作人员不得干预、阻碍人民法院受理行政案件。被诉行政机关负责人应当出庭应诉。不能出庭的，应当委托行政机关相应的工作人员出庭。第96条规定，行政机关拒绝履行判决、裁定、调解书的，第一审人民法院可以采取下列措施：第一，对应当归还的罚款或者应当给付的款额，通知银行从该行政机关的账户内划拨。第二，在规定期限内不履行的，从期满之日起，对该行政机关负责人按日处50元至100元的罚款。第三，将行政机关拒绝履行的情况予以公告。第四，向监察机关或者该行政机关的上一级行政机关提出司法建议。接受司法建议的机关，根据有关规定进行处理，并将处理情况告知人民法院。第五，拒不履行判决、裁定、调解书，社会影响恶劣的，可以对该行政机关直接负责的主管人员和其他直接责任人员予以拘留；情节严重，构成犯罪的，依法追究刑事责任。

（2）完善惩戒妨碍司法机关依法行使职权、拒不执行生效裁判和决定、藐视法庭权威等违法犯罪行为的法律规定。

（3）加大对虚假诉讼、恶意诉讼、无理缠诉行为的惩治力度。

3. 完善审判制度

通过司法改革，完善阻碍法律发挥权威作用的各种机制。主要有：

（1）改革法院案件受理制度，变立案审查制为立案登记制，对人民法院依法应该受理的案件，做到有案必立、有诉必理，保障当事人诉权。

（2）司法机关内部人员不得违反规定干预其他人员正在办理的案件，建立司法机关内部人员过问案件的记录制度和责任追究制度。完善主审法官、合议庭、主任检察官、主办侦查员办案责任制，落实谁办案谁负责。

（3）强化诉讼过程中当事人和其他诉讼参与人的知情权、陈述权、辩护辩论权、申请权、申诉权的制度保障。

（4）健全落实罪刑法定、疑罪从无、非法证据排除等法律原则的法律制度。完善对限制人身自由司法措施和侦查手段的司法监督，加强对刑讯逼供和非法取证的源头预防，健全冤假错案有效防范、及时纠正机制。进一步规范查封、扣押、冻结、处理涉案财物的司法程序。健全错案防止、纠正、责任追究机制，严禁刑讯逼供、体罚虐待，严格实行非法证据排除规则。逐步减少适用死刑罪名。

（5）推进审判公开、检务公开、警务公开、狱务公开，依法及时公开执法司法依据、程序、流程、结果和生效法律文书，杜绝暗箱操作。加强法律文书释法说理，建立生效法律文书统一上网和公开查询制度。严格规范减刑、假释、保外就医程序，强化监督制度。广泛实行人民陪审员、人民监督员制度，拓宽人民群众有序参与司法渠道。

（6）建立符合职业特点的司法人员管理制度，健全法官、检察官、人民警察统一招录、有序交流、逐级遴选机制，完善司法人员分类管理制度，健全法官、检察官、人民警察职业保障制度。

（7）改革审判委员会制度，完善主审法官、合议庭办案责任制，让审理者裁判、由裁判者负责。明确各级法院职能定位，规范上下级法院审级监督关系。

第四讲 有限政府思维

中央全面依法治国委员会第二次会议要求，要坚持法治国家、法治政府、法治社会一体建设，法治政府建设是重点任务，对法治国家、法治社会建设具有示范带动作用。习近平总书记在中央全面依法治国委员会工作会议上指出，法治政府建设是重点任务和主体工程，要率先突破，用法治给行政权力定规矩、划界限，规范行政决策程序，加快转变政府职能。

党的十九大报告、十九届四中全会决定要求，坚持依法治国、依法执政、依法行政共同推进，坚持法治国家、法治政府、法治社会一体建设。党的十八届三中全会决定和四中全会决定也提出了同样的要求。行政机关在国家机关中最为庞大，行政机关人员在国家机关工作人员中数量最多，行政机关管理的事务最多、最为复杂，行政管理法律规范占所有法律规范的80％以上，行政管理与民众的关系最为直接。因此,法治政府建设在法治国家建设中占据着极为重要的地位,依法行政、法治政府建设决定着法治国家建设。

党中央、国务院高度重视法治政府建设,近些年,连续出台了相关指导性规范文件。1999年11月,国务院出台了《关于全面推进依法行政的决定》;2004年3月22日,国务院颁发《全面推进依法行政实施纲要》;2008年,国务院出台了《关于加强市县政府依法行政的决定》;2010年,国务院颁发《关于加强法治政府建设的意见》(现已失效);2015年,中共中央、国务院办公厅颁发《法治政府建设实施纲要(2015—2020年)》。按照中央的要求,要在2020年基本建成法治政府,其总体目标是职能科学、权责法定、执法严明、公开公正、廉洁高效、守法诚信。

法治政府首先必须是有限政府,只有有限政府才有可能是法治政府。在计划经济体制下,不仅仅经济领域的事务由政府处理,个人的事务、企业的事务均是由政府处理。政府的权力是无限的、全能的,所有的社会事务均只能由政府处理。在这一体制下,政府的权力不可能受到来自法律的规范和限制。政府行使权力的依据是政策,而政策既由政府自己制定,也由政府自己执行。40多年前,我国开始实行改革开放政策,改革开放的过程实际上是政府简政放权的过程，相应地，这也是个人和社会获得更多权利和自由的过程。特别是在实行社会主义市场经济体制以后，市场对社会资源的配置作用越来越大、功能越来越多。这样实际上呈现出政府、社会、个人之间的分离。换言之，要在政府处理的事务、社会处理的事务、个人处理的事务之间进行必要的分工。在此前提下，必须明确地、清晰地划分政府、社会、个人之间的界限，特别是权力与权利之间的界限。划分这一界限的主要目的和功能在于，限制政府的权力范围，避免其越界。

在有限政府的理念下，以宪法和法律的形式界定政府的权力范围，政府必须在法律授权的范围内行使权力，受法律的约束，受法律的监督。政府制定的行政法规、规章等必须符合法律，政府制定的实施性的政策也必须合法。政府不得超越职权，不得违反法定程序，适用法律必须适当，作为行政行为必须有充分确凿的证据，行政行为必须合理。行政管理相对人如果认为政府的行政行为违法或者不合理，可以提起行政复议或者行政诉讼，寻求行政救济和司法救济；行政行为被认定为违法并且造成了当事人的损失，当事人有权依据国家赔偿法规定的程序，请求国家赔偿。因此，法治思维的基本要求是有限政府的思维。

习总书记指出，各级领导干部尤其要弄明白法律规定我们怎么用权,什么事能干、什么事不能干,心中高悬法律的明镜,手中紧握法律的戒尺,知晓为官做事的尺度。

2015年中共中央、国务院办公厅颁发的《法治政府建设实施纲要(2015—2020年)》要求,政企分开、政资分开、政事分开、政社分开,简政放权、放管结合、优化服务,政府与市场、政府与社会的关系基本理顺,政府职能切实转变,宏观调控、市场监管、社会管理、公共服务、环境保护等职责依法全面履行。

有限政府主要包含四点基本内容。

一、政府权力的法律边界

在人民主权原则下,国家的一切权力属于人民。人民通过宪法和法律,赋予或者授予政府权力。换言之,政府的权力是人民通过宪法和法律授予的。政府的权力由是人民赋予的,这一说法仅仅是从政治上回答了政府权力的来源。而在法治社会,还必须回答政府权力的法律来源。政府权力的法律来源,决定了政府权力的法律边界。

在分析政府权力的法律来源时,必须首先分析个人权利的来源。人权是人之为人的权利。因此,个人的权利是与生俱来的,是人所应当具有的,是先于宪法和法律而自然存在的,而不是宪法和法律所赋予的。宪法和法律只是对个人应当具有的人权所作出的法律上的确认。换言之，即便宪法和法律不予以确认，人所应当具有的人权仍然是存在的。人不仅仅是个体意义上的人，还是社会意义上的人。作为个体意义上的人，人权是绝对的、固有的、不受限制的。但作为社会意义上的人，即社会共同体中的一员，人的权利必然要受到限制。宪法和法律对个人权利的限制，要受到比例原则的约束。在此前提下，对于宪法和法律对个人权利的合法、正当限制，个人是不可以作为的。除此之外，个人享有其他权利和自由。因此，界定个人权利和自由范围的基本原则是，法无禁止即自由，即个人不得做法律禁止的事情，除此之外，个人是可以有所作为的。

个人可以做法律不禁止的事情，既包括宪法和法律明确确认为权利和自由的行为，也包括宪法和法律没有明确规定为个人权利和自由的行为。其区别在于，在宪法和法律明确确认为个人权利时，其义务主体为国家，即国家有义务保障个人权利的实现；在宪法和法律未明确规定为权利时，国家没有义务保障其实现，而由个人自身依据能力来实现，只有当个人的这些权利和自由受到侵犯时，国家才有义务予以救济。

相反，政府的权力并不是与生俱来的，而是由宪法和法律赋予的，即只有宪法和法律赋予了，政府才有此权力，若宪法和法律没有赋予，政府即不具有此权力。因此，界定政府权力范围的基本原则是，法有授权即可为，法无授权不可为，法无授权即禁止。换言之，政府只能做法律授权的事情，不得做法律未授权的事情。政府在作出行政行为之前，首先必须清楚法律是否授权。

为了保证法治政府的建设，近年来，党中央、国务院大力推行政府的权力清单制度。2015年中共中央办公厅、国务院办公厅发布的《关于推行地方各级政府工作部门权力清单制度的指导意见》（以下简称《指导意见》）指出：分门别类进行全面彻底梳理行政职权，逐项列明设定依据；对没有法定依据的行政职权，应及时取消；依法逐条逐项进行合法性、合理性和必要性审查；在审查过程中，要广泛听取基层、专家学者和社会公众的意见；公布权力清单；积极推进责任清单工作。

权力清单制度的基本要求是：（1）工作目标。将地方各级政府工作部门行使的各项行政职权及其依据、行使主体、运行流程、对应的责任等，以清单形式明确列示出来，向社会公布，接受社会监督。通过建立权力清单和相应责任清单制度，进一步明确地方各级政府工作部门职责权限，大力推动简政放权，加快形成边界清晰、分工合理、权责一致、运转高效、依法保障的政府职能体系和科学有效的权力监督、制约、协调机制，全面推进依法行政。（2）实施范围。地方各级政府工作部门作为地方行政职权的主要实施机关，是这次推行权力清单制度的重点。依法承担行政职能的事业单位、垂直管理部门设在地方的具有行政职权的机构等，也应推行权力清单制度。

权力清单制度的主要任务是：（1）全面梳理现有行政职权。地方各级政府工作部门要对行使的直接面对公民、法人和其他组织的行政职权，分门别类进行全面彻底梳理，逐项列明设定依据，汇总形成部门行政职权目录。各省（自治区、直辖市）政府可参照行政许可、行政处罚、行政强制、行政征收、行政给付、行政检查、行政确认、行政奖励、行政裁决和其他类别的分类方式，结合本地实际，制定统一规范的分类标准，明确梳理的政策要求；其他类别的确定，要符合国家法律法规。（2）大力清理调整行政职权。在全面梳理的基础上，要按照职权法定原则，对现有行政职权进行清理、调整。对没有法定依据的行政职权，应及时取消，确有必要保留的，按程序办理；可下放给下级政府和部门的职权事项，应及时下放并做好承接工作；对虽有法定依据但不符合全面深化改革要求和经济社会发展需要的，法定依据相互冲突矛盾的，调整对象消失、多年不发生管理行为的行政职权，应及时提出取消或调整的建议。行政职权取消下放后,要加强事中事后监管。(3)依法律法规审核确认。地方各级政府要对其工作部门清理后拟保留的行政职权目录,按照严密的工作程序和统一的审核标准,依法逐条逐项进行合法性、合理性和必要性审查。需修改法律法规的,要先修法再调整行政职权,先立后破,有序推进。在审查过程中,要广泛听取基层、专家学者和社会公众的意见。审查结果按规定程序由同级党委和政府确认。(4)优化权力运行流程。对确认保留的行政职权,地方各级政府工作部门要按照透明、高效、便民原则,制定行政职权运行流程图,切实减少工作环节,规范行政裁量权,明确每个环节的承办机构、办理要求、办理时限等,提高行政职权运行的规范化水平。(5)公布权力清单。地方各级政府对其工作部门经过确认保留的行政职权,除保密事项外,要以清单形式将每项职权的名称、编码、类型、依据、行使主体、流程图和监督方式等,及时在政府网站等载体公布。垂直管理部门设在地方的具有行政职权的机构,其权力清单由其上级部门进行合法性、合理性和必要性审核确认,并在本机构业务办理窗口、上级部门网站等载体公布。(6)建立健全权力清单动态管理机制。权力清单公布后,要根据法律法规立改废释情况、机构和职能调整情况等,及时调整权力清单,并向社会公布。对权力清单未明确但应由政府管理的事项,政府部门要切实负起责任,需列入权力清单的,按程序办理。建立权力清单的动态调整和长效管理机制。(7)积极推进责任清单工作。在建立权力清单的同时,要按照权责一致的原则,逐一厘清与行政职权相对应的责任事项,建立责任清单,明确责任主体,健全问责机制。已经建立权力清单的,要加快建立责任清单;尚未建立权力清单的,要把建立责任清单作为一项重要改革内容,与权力清单一并推进。(8)强化权力监督和问责。权力清单公布后,地方各级政府工作部门、依法承担行政职能的事业单位、垂直管理部门设在地方的具有行政职权的机构等,都要严格按照权力清单行使职权,切实维护权力清单的严肃性、规范性和权威性。要大力推进行政职权网上运行,加大公开透明力度,建立有效的权力运行监督机制。对不按权力清单履行职权的单位和人员,依纪依法追究责任。

政府权力清单,实际上是将分布在宪法及不同法律、法规、规章中的授予政府的权力集中到一个清单上。政府部门的权力清单也是如此。即使没有政府权力清单制度,政府实际上也是有权力清单的,只是分布在宪法和不同的法律、法规、规章之中。

因为政府的权力范围是宪法和法律明确授权的部分,

所以政府的权力清单只能是正面清单,即宪法和法律明确规定的政府权力、职责。换言之,政府可以做的事情在清单上可以明确列出,而政府不能做的事情在清单上是无法一一列明的。相应地,对于个人权利和企业权利,如果需要列举清单,则只能是负面清单而不可能是正面清单。个人和企业可以做的事情在清单上无法一一列明,只能将不能做的事情列明。

政府权力清单制度的意义在于:(1)明确和清晰政府权力、职责的事项,国家机关工作人员不需要查找相关的法律规定,即一目了然;(2)可以了解哪些权力和职责是可以简化的;(3)可以了解哪些授权需要进一步明晰。政府的"放管服"改革,就是在政府权力清单的基础上进行的。

宪法和法律对于政府的权力采用的是授权原则,而授权原则在一定意义上又可以理解为限权原则。授权原则的含义非常丰富,其中之一是限制政府的权力。(1)授予权力意味着政府享有只限于宪法和法律所授予的权力,政府不享有未被授予的权力,这限定了政府权力的范围。(2)宪法和法律授予哪些权力,政府只能享有所授予的权力,这限定了政府权力的类别。(3)宪法和法律授予某个国家机关以某种特定的权力,意味着只有该国家机关享有此权力,排除了其他国家机关享有该权力,即所谓的"授权其一，排除其他"。（4）宪法和法律规定国家机关行使该国家权力的条件、程序等，该国家机关必须严格依照宪法和法律的规定行使该权力。由授权原则可以推导出有限政府原则，即政府的权力只限于宪法和法律授权范围之内。由有限政府原则又可以推导出越权无效原则，即政府在没有获得宪法和法律授权的情况下作出的任何一个行政行为，在法律上都是无效的。

我国目前有两部法律明确规定政府越权作出行政行为无效。《行政诉讼法》第70条规定，行政行为有下列情形之一的，人民法院判决撤销或者部分撤销，并可以判决被告重新作出行政行为：……（4）超越职权的。《行政复议法》第28条规定，具体行政行为有下列情形之一的，决定撤销、变更或者确认该具体行政行为违法；决定撤销或者确认该具体行政行为违法的，可以责令被申请人在一定期限内重新作出具体行政行为：……（4）超越或者滥用职权的。法院和行政复议机关在审查行政行为是否合法时，首先审查该行为是否超越职权，一旦构成越权，即判决违法，本案中的其他问题实际上无须审查。

二、以行为是否具有社会危害性为标准

在法治社会，政府必须依法行政。"依法行政"首先是

依法律行政。而法律只是行为规范，它只调整社会成员的行为，并不调整社会成员的思想，也不调整社会成员的身份。法律面前人人平等，意味着在法律面前任何身份的人都是平等的。因此，政府在具有宪法和法律授权的情况下，能否实际行使权力，必须以相对人是否实施了行为为条件。在当事人还没有作出行为的情况下，政府是不能仅仅以当事人的思想或者具有某种身份为由而行使权力的。

法律是行为规范，但需要由法律规范和调整的行为通常为具有社会危害性的行为。社会成员的某个行为在不具有社会危害性时，法律通常并不对其进行调整。当然，国家本着"父爱主义"原则，对某些虽不具有社会危害性、但国家需要特别要求的社会成员的行为也进行调整，此类行为只是特例，例如，对适龄国民义务教育的强制性规范、对机动车驾驶员必须系安全带的强制性要求等。法律所规范和调整的主要是那些对社会具有危害性的行为。因为这些行为具有社会危害性，所以必须加以限制或者禁止并予以惩罚，法律依据行为的社会危害性的类型及危害程度，分别追究民事责任、行政责任和刑事责任。

三、政府只处理社会公共事务

在国家、社会、个人三者分离的背景下，政府的职能只是处理社会公共事务,而无权处理私人事务。所谓私人事务,即个人或者企业、事业单位、社会团体等实施的并不涉及他人合法权益的事务。换言之,是指个人、企业、事业单位、社会团体等实施的法律并不禁止的事务。所谓公共事务,即涉及社会共同体的多数人的事务。只有当个人、企业、事业单位、社会团体的行为涉及公共利益或者可能损害他人合法利益时,该事务才可能成为社会公共事务。

政府最重要的基本职能之一是维持各类秩序,包括维持社会秩序、经济秩序、政治秩序等,使社会运行保持一种有序状态。法律是由原则和规则组成的,其内容是不同利益主体经过博弈形成的权利义务关系,其制定目的在于维持秩序。立法机关在民意得到充分表达的基础上,经过民主程序和民主机制,制定规则(主要为法律);行政机关依据法律实施管理;司法机关依据法律裁判案件。政府的职权主要有:(1)行政规范制定权,包括制定行政法规、规章,规定行政措施,编制计划、规划和预算。(2)行政决定权,包括通过赋予、限制或者剥夺等方式处理行政相对人的具体权利和义务。(3)行政命令权,即依法要求行政相对人为一定行为或者不为一定行为的职权。(4)行政措施实施权,即依法采取人身约束措施、查封财产措施、强制执行措施等。(5) 行政确认权，即对已经存在的行政法律关系依法予以确认。(6) 行政裁判权，即调处、裁决行政纠纷和部分民事纠纷的职权。(7) 行政制裁权，即依法对行政公务人员的违法行政行为和行政相对人违反行政法的行为进行处分或者处罚的职权。(8) 行政救济权，即依法变更、撤销违法或者不当行政行为，对行政相对人的合法权益受到的损害或者损失进行补救的职权。可以说，政府依法行使的所有权力，都是为了达到此目的。

政府另一项重要职能是为社会提供必要的公共产品和公共服务。所谓"必要的"，即个人、社会、市场均无力、不愿、不能解决而为了维持秩序又属必需的情形。实际上，政府提供必要的公共产品和公共服务的基本目的也是更好地维持秩序。

◎ 山西省屯留县一中教师 AA 制聚餐被通报批评

山西省长治市屯留县一中高二年级组 24 名教师放假后到酒店 AA 制聚餐且饮酒，花费 1 390 元，被中共屯留县纪律检查委员会全县通报批评，并在当地一报纸上刊登。全县通报批评的理由是：(1) 屯留一中是县最高学府，每位教师的精神和风貌是全县广大教师的缩影，聚众校外进餐饮酒给教师抹了黑。(2)与中央以及省市县委关于作风建设的要求格格不入。(3)在纠"四风"问题的高压态势下"打擦边球"。(4)发挥警示震慑作用,确保屯留政治生态良好。

山西省长治市纪委通报了关于对屯留一中部分教师聚餐饮酒被县纪委通报一事的初步核实处理情况。通报称,10月1日,屯留县纪委在县委机关刊物《新屯留》上,对屯留一中南校区部分教师聚餐饮酒问题予以通报批评,随后引起社会关注。长治市纪委及时对屯留县纪委有关调查处理工作进行了审核,认为在处理依据、处理方式等方面存在不当、不妥的问题。长治市纪委研究决定,撤销屯留县纪委常委会关于对屯留一中南校区部分教师聚餐饮酒问题的处理决定,并由市纪委全面核实了解情况后,实事求是、客观公正地对相关责任人员进行责任追究。

山西省屯留县一中教师在放假日AA制聚餐被通报批评,在这一事件中,核心要素是"放假""AA制"。"放假"说明教师参与聚餐是在放假休息期间,属于个人的私人时间,并未占据工作时间;"AA制"说明这些教师并没有公款消费，而是由参与聚餐的教师自行付费。此类行为并未耽误工作，也未损害公共利益或者他人利益，完全属于参与聚餐的教师们的私人事务。县纪委对此类行为进行通报批评，属于介入了私人事务，是不正当的。因此，长治市纪委研究决定撤销屯留县纪委常委会的通报是完全正确的。

四、政府是处理社会公共事务的最后选择

政府只能处理社会公共事务，同时，政府又是处理社会公共事务的最后选择。我们知道，政府权力的最大特点是控制最重要的社会资源和具有强制力。因此，由政府处理社会公共事务最为有效、有力，正因为此，又有可能效率最低、成本最高，并可能出现腐败。换言之，由政府处理社会公共事务是一把"双刃剑"，政府只是在不得已的情况下，才出手处理社会公共事务，而不是第一选择。

党的十八届三中全会决定指出，使市场在资源配置中起决定性作用和更好发挥政府作用。市场决定资源配置是市场经济的一般规律，健全社会主义市场经济体制必须遵循这条规律，着力解决市场体系不完善、政府干预过多和监管不到位问题。政府的职责和作用主要是保持宏观经济稳定，加强和优化公共服务，保障公平竞争，加强市场监

管，维护市场秩序，推动可持续发展，促进共同富裕，弥补市场失灵。该决定的主要内容是全面深化改革，其中基本内容是关于经济改革。经济改革的基本方向是尽可能地发挥市场在资源配置方面的决定性作用，减少政府在资源配置方面的作用，政府只是在市场失灵的情况下，起到弥补作用。

党的十九大报告要求，转变政府职能，深化简政放权，创新监管方式，增强政府公信力和执行力，建设人民满意的服务型政府。

《行政许可法》第13条规定，本法第12条所列事项，通过下列方式能够予以规范的，可以不设行政许可：（1）公民、法人或者其他组织能够自主决定的；（2）市场竞争机制能够有效调节的；（3）行业组织或者中介机构能够自律管理的；（4）行政机关采用事后监督等其他行政管理方式能够解决的。行政许可法的这一条款虽然是就设定行政许可的必要性作出的规定，但实际上对政府行使权力具有一般的指导意义。上述条款实际隐含着两个意思：

（1）政府管什么，或者说什么是政府该管的？按照这一条款的规定，只有在具备以下三个必要条件时，才属于政府处理的事务：一是公民、法人或者其他组织无法自主决定的事务；二是通过市场竞争机制无法有效调节的事务；

三是行业组织或者中介机构无法自律管理的事务。在上述三者中，如果能满足其中一个条件而得到处理的事务，就不属于政府处理的事务。换言之，政府如果提出某一项事务应当通过立法授予政府处理，那么，政府就应当提出三个条件均无法满足的证据。

（2）在属于政府处理的事务中，政府应当在什么阶段介入？按照这一条款的规定，政府必须首先采用事后监督的方式，只有在采用事后监督的方式仍然无法有效处理的情况下，政府才可以采用事前准入的方式处理。所谓事前准入的方式，即政府通过立法设定从事某项行为的资格、条件、资质、门槛，规定准入制度。这样的管理方式势必对企业和个人增加限制，影响其发展。因此，政府的管理方法是，以事后监督为主、以事前准入为辅。

中共中央、国务院办公厅发布的《法治政府建设实施纲要（2015—2020年）》要求，全面清理行政审批事项，全部取消非行政许可审批事项。最大程度减少对生产经营活动的许可，最大限度缩小投资项目审批、核准的范围，最大幅度减少对各类机构及其活动的认定。取消不符合行政许可法规定的资质资格准入许可，研究建立国家职业资格目录清单管理制度。严格控制新设行政许可，加强合法性、必要性、合理性审查论证。对增加企业和公民负担的证照进行清理规范。对保留的行政审批事项，探索目录化、编码化管理，全面推行一个窗口办理、并联办理、限时办理、规范办理、透明办理、网上办理，提高行政效能，激发社会活力。

第五讲 控权思维

法治要求一切国家权力均来自宪法和法律的授予，一切国家机关均需依据宪法和法律而设立。因此，一切国家权力均在宪法和法律之下，一切国家机关及其工作人员均在宪法和法律之下。一切国家权力的行使均必须依据宪法和法律，不得违反宪法和法律，不得有超越宪法和法律的特权。从这一意义上说，法治首先是治权、治官。

一、法治对国家权力的基本功能

法治之于国家权力具有三项基本功能。

1. 赋权

通过宪法和法律赋予国家机关以国家权力，保证了国家权力的正当性和合法性基础。自有国家以来，国家权力均必须具有正当性和合法性。在近代以前，统治者通常以某种神秘的自然现象或者以正义者自居，以获取统治的正当性和合法性。近代以来，因确立了人民主权原则，国家权力的正当性和合法性必须从宪法和法律中获取，尤其是从宪法中获取，即统治者的地位是依据宪法规定或者依据宪法规定的程序获得的。依据人民主权原则，国家的一切权力属于人民，同时人民对国家事务又不可能事事亲自作出决定，必须委托自己选举产生的代理人作出决定。因此，近代以来的民主制度通常以间接民主为主、直接民主为辅。人民在保留对代理人监督权、直接表达意愿自由，以及推翻政府的抵抗权的前提下，通过宪法将绝大部分国家权力委托给自己的代理人。国家的主权者为人民，人民是国家的主人，国家机关的权力是人民赋予的，这只是回答了国家权力的政治归属和政治来源。近代以来，在此基础上还需要回答国家权力的法律来源，即回答宪法是如何赋权的、赋予了多少权力的问题。离开了宪法，国家权力就成为无源之水、无本之木。

新中国成立之初，由于不具备召开全国人民代表大会、制定宪法的条件，因而全国人民代表大会的职权是由中国人民政治协商会议全体会议代行的，中国人民政治协商会议第一届全体会议通过的《中国人民政治协商会议共同纲领》（以下简称《共同纲领》），则具有临时宪法的作用。到1952年，全国范围的大规模军事行动已经结束，土地改革基本完成，国民经济恢复的任务也顺利完成。在这种形势下，中共中央决定领导人民向社会主义过渡。1952年9月24日，毛泽东在中央书记处会议上提出了从现在起即开始向社会主义过渡的设想，随后进行了多次论述。

在决定向社会主义过渡的同时，召开全国人民代表大会和制定宪法的问题也纳入中共中央的统筹考虑之中。按照《中国人民政治协商会议组织法》的规定：中国人民政协全体会议每三年召开一次。到1952年年底，第一届政协即将到期，因此应尽快召开第二次政协全体会议，否则就要召开第一次全国人民代表大会。考虑到在较短的时间内无法完成召开全国人民代表大会所要做的各项准备工作，加上中国人民政治协商会议在全国人民心中的崇高地位，中央决定先在1953年召开第二届全国政协会议，在晚些时候再召开全国人民代表大会。

针对当时党内有人提出了制定宪法的问题，中央认为，在过渡时期，以社会各界认可并共同遵守的《共同纲领》作为国家的根本大法是可以的，因为过渡时期的阶级关系没有发生根本的转变，即使制定宪法，恐怕绝大部分也是重复《共同纲领》的内容，不会有大的改变。因此，中央考虑，在过渡时期可以暂时不制定宪法，而继续以《共同纲领》代替宪法，并在以后的政协全体会议或全国人民代表大会上对《共同纲领》进行修改、补充。在我国基本上进入社会主义,消灭资产阶级,阶级关系有了根本改变以后,再制定社会主义类型的宪法。

领导苏联人民建立了社会主义制度、制定了世界上第一部社会主义宪法的斯大林,却认为中国应尽早召开全国人民代表大会,制定宪法。1952年10月,刘少奇率领中共代表团参加苏共第十九次全国代表大会。他受毛泽东的委托,就中国向社会主义过渡的设想,向斯大林征求意见,其中一个问题就是中共中央关于召开全国人民代表大会和制定宪法的设想。斯大林赞成中共关于向社会主义过渡的设想,同时提出,为了驳斥国际上敌对势力对新中国的攻击和便于中国更好地开展建设事业,中国应该将召开全国人民代表大会和制定宪法的时间提前。他说:我建议,你们可在1954年进行选举和通过宪法。

这是斯大林第三次对这个问题提建议了。第一次是在新中国成立前夕。1949年6月至8月,为同苏共直接交换意见,取得斯大林和苏联对即将成立的新中国各项工作的支持,刘少奇秘密访问了苏联。在会谈中,斯大林谈到了宪法问题,建议中国现在可用《共同纲领》,但应准备宪法。刘少奇问:"您所说的宪法是否指社会主义性质的?"斯大林摇摇头说:"不是,我说的是现阶段的宪法。"他接着说：敌人可用两种说法向工农群众进行宣传，反对你们。一是说你们没有进行选举，政府不是选举产生的；二是国家没有宪法。政协不是选举的，人家可以说你们是用武力控制了位子，是自封的；《共同纲领》不是全民代表通过的，而是由一党提出，其他党派予以同意的东西。你们应从敌人手中拿掉这个武器。我同意你们的意见，把《共同纲领》变成国家的根本大法。①

实际上，1954年我国正处于新民主主义向社会主义过渡的阶段，1949年的《共同纲领》完全可以代行临时宪法的作用，此时制定正式的社会主义性质宪法的基本条件并不成熟。斯大林关于应当通过制定宪法确认通过革命所获得的政权，赋予无产阶级政权的合法性的建议，可以说对于1954年制定宪法起到了至关重要的作用。

我国现行《宪法》第2条规定，中华人民共和国的一切权力属于人民。人民行使国家权力的机关是全国人民代表大会和地方各级人民代表大会。人民依照法律规定，通过各种途径和形式，管理国家事务，管理经济和文化事业，管理社会事务。这一条款确认了国家权力的政治归属，同时确认了我国的间接民主制和直接民主制。宪法通过赋予不同性质和不同层级的国家机关以国家权力，保证了这些

---

① 师哲. 我的一生：师哲自述. 北京：人民出版社, 2001：303-304.

国家机关所享有的国家权力的正当性和合法性。

现行《宪法》序言规定，1949年，以毛泽东主席为领袖的中国共产党领导中国各族人民，在经历了长期的艰难曲折的武装斗争和其他形式的斗争以后，终于推翻了帝国主义、封建主义和官僚资本主义的统治，取得了新民主主义革命的伟大胜利，建立了中华人民共和国。从此，中国人民掌握了国家的权力，成为国家的主人。中国新民主主义革命的胜利和社会主义事业的成就，是中国共产党领导中国各族人民，在马克思列宁主义、毛泽东思想的指引下，坚持真理，修正错误，战胜许多艰难险阻而取得的。我国将长期处于社会主义初级阶段。国家的根本任务是，沿着中国特色社会主义道路，集中力量进行社会主义现代化建设。中国各族人民将继续在中国共产党领导下，在马克思列宁主义、毛泽东思想、邓小平理论、"三个代表"重要思想、科学发展观、习近平新时代中国特色社会主义思想指引下，坚持人民民主专政，坚持社会主义道路，坚持改革开放，不断完善社会主义的各项制度，发展社会主义市场经济，发展社会主义民主，健全社会主义法治，贯彻新发展理念，自力更生，艰苦奋斗，逐步实现工业、农业、国防和科学技术的现代化，推动物质文明、政治文明、精神文明、社会文明、生态文明协调发展，把我国建设成为富强民主文明和谐美丽的社会主义现代化强国,实现中华民族伟大复兴。在长期的革命、建设、改革过程中,已经结成由中国共产党领导的,有各民主党派和各人民团体参加的,包括全体社会主义劳动者、社会主义事业的建设者、拥护社会主义的爱国者、拥护祖国统一和致力于中华民族伟大复兴的爱国者的广泛的爱国统一战线,这个统一战线将继续巩固和发展。中国人民政治协商会议是有广泛代表性的统一战线组织,过去发挥了重要的历史作用,今后在国家政治生活、社会生活和对外友好活动中,在进行社会主义现代化建设、维护国家的统一和团结的斗争中,将进一步发挥它的重要作用。中国共产党领导的多党合作和政治协商制度将长期存在和发展。

宪法序言的上述规定,确认了我国的政党制度是中国共产党领导的多党合作和政治协商制度,这一制度完全不同于西方国家的政党制度;确认了中国共产党在我国的领导地位,这一领导地位的获得方式也与西方国家政党获得执政党地位的方式完全不同。这一规定保证了中国共产党在我国执政的合法性和正当性,是人民选择中国共产党和历史选择中国共产党的载体、法定化。

2. 保权

宪法和法律赋予国家机关以国家权力的目的在于,要求通过行使这些国家权力，积极地、有效地维持各类秩序、提供必要的公共产品和公共服务，保障人权。因此，宪法和法律在赋予权力的同时，规定了一系列保证国家权力有效运行的原则和制度。

第一，国家权力由宪法和法律授予。如前所述，授权在一定意义上意味着限制权力，但授权在法律上的更大的意义在于，保证了国家权力的合法性和正当性。保证国家权力有效运行的原则和制度，均以此为出发点和基础。

第二，国家权力的公定力原理。在宪法层面上，国家机关直接依据宪法作出的行为，可能符合宪法，也可能违反宪法；在法律层面上，国家机关如果是直接依据法律作出的行为，可能合法，也可能违法。例如，立法机关制定的法律，可能违反宪法，也可能符合宪法。行政机关作出的行政行为，可能合法，也可能违法。所谓国家权力的公定力原理，是指在国家机关的行为存在可能违宪或者合宪、可能违法或者合法的情况下，为保障国家权力的有效行使、保护公共利益，作符合宪法和合法的假定，而不作出违宪或者违法的假定。因国家机关的行为已经被假定为合宪或者合法，在有权机关依据法定程序撤销该行为之前，该行为被认定为有效。相应地，所有的社会成员或者特定的当事人必须遵守和服从。

第三，国家权力的优先性原则。优先性原则主要是指国家机关行为上的优先性，即国家在行使权力时，因其代表公共利益，体现了国家意志和国家强制力，故相关的社会成员负有协助、配合和服从的义务。国家机关在行使国家权力的过程中，依法享有职务上的优先条件，如获得社会协助权、优先通过权、优先使用权、公务人员的特别人身保护权等。

例如，公安部《警车管理规定》第 18 条规定，警车执行紧急任务使用警用标志灯具、警报器时，享有优先通行权；警车及其护卫的车队，在确保安全的原则下，可以不受行驶路线、行驶方向、行驶速度和交通信号灯、交通标志标线的限制。遇使用警用标志灯具、警报器的警车及其护卫的车队，其他车辆和人员应当立即避让；交通警察在保证交通安全的前提下，应当提供优先通行的便利。

《治安管理处罚法》第 50 条规定，有下列行为之一的，处警告或者 200 元以下罚款；情节严重的，处 5 日以上 10 日以下拘留，可以并处 500 元以下罚款：(1) 拒不执行人民政府在紧急状态情况下依法发布的决定、命令的；(2) 阻碍国家机关工作人员依法执行职务的；(3) 阻碍执行紧急任务的消防车、救护车、工程抢险车、警车等车辆通行的；(4) 强行冲闯公安机关设置的警戒带、警戒区的。阻碍人民警察依法执行职务的,从重处罚。

《治安管理处罚法》第60条规定,有下列行为之一的,处5日以上10日以下拘留,并处200元以上500元以下罚款:(1)隐藏、转移、变卖或者损毁行政执法机关依法扣押、查封、冻结的财物的;(2)伪造、隐匿、毁灭证据或者提供虚假证言、谎报案情,影响行政执法机关依法办案的;(3)明知是赃物而窝藏、转移或者代为销售的;(4)被依法执行管制、剥夺政治权利或者在缓刑、暂予监外执行中的罪犯或者被依法采取刑事强制措施的人,有违反法律、行政法规或者国务院有关部门有关监督管理规定的行为。

《刑法》第277条规定,以暴力、威胁方法阻碍国家机关工作人员依法执行职务的,处3年以下有期徒刑、拘役、管制或者罚金。以暴力、威胁方法阻碍全国人民代表大会和地方各级人民代表大会代表依法执行代表职务的,依照上述规定处罚。在自然灾害和突发事件中,以暴力、威胁方法阻碍红十字会工作人员依法履行职责的,依照上述条款的规定处罚。故意阻碍国家安全机关、公安机关依法执行国家安全工作任务,未使用暴力、威胁方法,造成严重后果的,依照第一款的规定处罚。

《刑法》第290条规定,聚众扰乱社会秩序,情节严重,致使工作、生产、营业和教学、科研、医疗无法进行,造成严重损失的,对首要分子,处3年以上7年以下有期徒刑;对其他积极参加的,处3年以下有期徒刑、拘役、管制或者剥夺政治权利。聚众冲击国家机关,致使国家机关工作无法进行,造成严重损失的,对首要分子,处5年以上10年以下有期徒刑;对其他积极参加的,处5年以下有期徒刑、拘役、管制或者剥夺政治权利。

《居民身份证法》第15条规定,拒绝人民警察查验居民身份证的,依照有关法律规定,分别不同情形,采取措施予以处理。在执法实践中,依据《人民警察法》《戒严法》《治安管理处罚法》《刑事诉讼法》《刑法》等法律的规定,视情况予以处理。比如,对于实施现场管制时不配合人民警察执法的,可以带离现场。又如,对于违反治安管理处罚法的,可以依法给予治安处罚。再如,对于暴力抗拒人民警察依法执行职务的,可以以妨害公务罪依法追究刑事责任。

《人民警察法》第5条规定,人民警察依法执行职务,受法律保护。第6条规定,公安机关的人民警察按照职责分工,依法履行下列职责:(1)预防、制止和侦查违法犯罪活动;(2)维护社会治安秩序,制止危害社会治安秩序的行为;(3)维护交通安全和交通秩序,处理交通事故;(4)组织、实施消防工作,实行消防监督;(5)管理枪支弹药、管制刀具和易燃易爆、剧毒、放射性等危险物品；（6）对法律、法规规定的特种行业进行管理；（7）警卫国家规定的特定人员，守卫重要的场所和设施；（8）管理集会、游行、示威活动；（9）管理户政、国籍、入境出境事务和外国人在中国境内居留、旅行的有关事务；（10）维护国（边）境地区的治安秩序；（11）对被判处拘役、剥夺政治权利的罪犯执行刑罚；（12）监督管理计算机信息系统的安全保护工作；（13）指导和监督国家机关、社会团体、企业事业组织和重点建设工程的治安保卫工作，指导治安保卫委员会等群众性组织的治安防范工作；（14）法律、法规规定的其他职责。第 7 条规定，公安机关的人民警察对违反治安管理或者其他公安行政管理法律、法规的个人或者组织，依法可以实施行政强制措施、行政处罚。第 8 条规定，公安机关的人民警察对严重危害社会治安秩序或者威胁公共安全的人员，可以强行带离现场、依法予以拘留或者采取法律规定的其他措施。第 9 条规定，为维护社会治安秩序，公安机关的人民警察对有违法犯罪嫌疑的人员，经出示相应证件，可以当场盘问、检查；经盘问、检查，有下列情形之一的，可以将其带至公安机关，经该公安机关批准，对其继续盘问：（1）被指控有犯罪行为的；（2）有现场作案嫌疑的；（3）有作案嫌疑身份不明的；（4）携带的物品有可能是赃物的。对被盘问人的留置时间自带至公安机关之时起不超过 24 小时，在特殊情况下，经县级以上公安机关批准，可以延长至 48 小时，并应当留有盘问记录。对于批准继续盘问的，应当立即通知其家属或者其所在单位。对于不批准继续盘问的，应当立即释放被盘问人。经继续盘问，公安机关认为对被盘问人需要依法采取拘留或者其他强制措施的，应当在前款规定的期间作出决定；在前款规定的期间不能作出上述决定的，应当立即释放被盘问人。

《行政强制法》第 65 条规定，违反本法规定，金融机构有下列行为之一的，由金融业监督管理机构责令改正，对直接负责的主管人员和其他直接责任人员依法给予处分：(1) 在冻结前向当事人泄露信息的；(2) 对应当立即冻结、划拨的存款、汇款不冻结或者不划拨，致使存款、汇款转移的；(3) 将不应当冻结、划拨的存款、汇款予以冻结或者划拨的；(4) 未及时解除冻结存款、汇款的。

第四，国家权力的受益性原则。这主要是指国家机关在行使国家权力时，依法享有的物质上的优异条件，如国家向国家机关提供办公经费、办公条件和交通工具等。

例如，《食品安全法》第 8 条规定，县级以上人民政府应当将食品安全工作纳入本级国民经济和社会发展规划，将食品安全工作经费列入本级政府财政预算，加强食品安全监督管理能力建设，为食品安全工作提供保障。

第五，强制执行制度。国家机关制定的法律，作出的决定、决议、判决等是国家意志的体现，具有高度的权威性和严肃性。社会成员违反了法律中所确定的行为规范，必须承担法律责任，包括刑事责任、民事责任和行政责任。国家机关及其工作人员违反了法律规定，同样要承担法律责任。社会成员不履行国家机关作出的决定、建议、判决中所确定的义务，国家机关可以强制执行。

其一，民事裁判的强制执行。《民事诉讼法》第241条规定，被执行人未按执行通知履行法律文书确定的义务，应当报告当前以及收到执行通知之日前一年的财产情况。被执行人拒绝报告或者虚假报告的，人民法院可以根据情节轻重对被执行人或者其法定代理人、有关单位的主要负责人或者直接责任人员予以罚款、拘留。第242条规定，被执行人未按执行通知履行法律文书确定的义务，人民法院有权向有关单位查询被执行人的存款、债券、股票、基金份额等财产情况。人民法院有权根据不同情形扣押、冻结、划拨、变价被执行人的财产。人民法院查询、扣押、冻结、划拨、变价的财产不得超出被执行人应当履行义务的范围。人民法院决定扣押、冻结、划拨、变价财产，应当作出裁定，并发出协助执行通知书，有关单位必须办理。

第243条规定，被执行人未按执行通知履行法律文书确定的义务，人民法院有权扣留、提取被执行人应当履行义务部分的收入。但应当保留被执行人及其所扶养家属的生活必需费用。人民法院扣留、提取收入时，应当作出裁定，并发出协助执行通知书，被执行人所在单位、银行、信用合作社和其他有储蓄业务的单位必须办理。第244条规定，被执行人未按执行通知履行法律文书确定的义务，人民法院有权查封、扣押、冻结、拍卖、变卖被执行人应当履行义务部分的财产。但应当保留被执行人及其所扶养家属的生活必需品。采取前款措施，人民法院应当作出裁定。第245条规定，人民法院查封、扣押财产时，被执行人是公民的，应当通知被执行人或者他的成年家属到场；被执行人是法人或者其他组织的，应当通知其法定代表人或者主要负责人到场。拒不到场的，不影响执行。被执行人是公民的，其工作单位或者财产所在地的基层组织应当派人参加。对被查封、扣押的财产，执行员必须造具清单，由在场人签名或者盖章后，交被执行人一份。被执行人是公民的，也可以交他的成年家属一份。第246条规定，被查封的财产，执行员可以指定被执行人负责保管。因被执行人的过错造成的损失，由被执行人承担。第247条规定，财产被查封、扣押后，执行员应当责令被执行人在指定期间履行法律文书确定的义务。被执行人逾期不履行的，人民法院应当拍卖被查封、扣押的财产；不适于拍卖或者当事人双方同意不进行拍卖的，人民法院可以委托有关单位变卖或者自行变卖。国家禁止自由买卖的物品，交有关单位按照国家规定的价格收购。第248条规定，被执行人不履行法律文书确定的义务，并隐匿财产的，人民法院有权发出搜查令，对被执行人及其住所或者财产隐匿地进行搜查。采取前款措施，由院长签发搜查令。第249条规定，法律文书指定交付的财物或者票证，由执行员传唤双方当事人当面交付，或者由执行员转交，并由被交付人签收。有关单位持有该项财物或者票证的，应当根据人民法院的协助执行通知书转交，并由被交付人签收。有关公民持有该项财物或者票证的，人民法院通知其交出。拒不交出的，强制执行。第250条规定，强制迁出房屋或者强制退出土地，由院长签发公告，责令被执行人在指定期间履行。被执行人逾期不履行的，由执行员强制执行。强制执行时，被执行人是公民的，应当通知被执行人或者他的成年家属到场；被执行人是法人或者其他组织的，应当通知其法定代表人或者主要负责人到场。拒不到场的，不影响执行。被执行人是公民的，其工作单位或者房屋、土地所在地的基层组织应当派人参加。执行员应当将强制执行情况记入笔录，由在场人签名或者盖章。强制迁出房屋被搬出的财物，由人民法院派人运至指定处所，交给被执行人。被执行人是公民的，也可以交给他的成年家属。因拒绝接收而造成的损失，由被执行人承担。第 251 条规定，在执行中，需要办理有关财产权证照转移手续的，人民法院可以向有关单位发出协助执行通知书，有关单位必须办理。第 252 条规定，对判决、裁定和其他法律文书指定的行为，被执行人未按执行通知履行的，人民法院可以强制执行或者委托有关单位或者其他人完成，费用由被执行人承担。第 253 条规定，被执行人未按判决、裁定和其他法律文书指定的期间履行给付金钱义务的，应当加倍支付迟延履行期间的债务利息。被执行人未按判决、裁定和其他法律文书指定的期间履行其他义务的，应当支付迟延履行金。第 254 条规定，人民法院采取本法第 242 条、第 243 条、第 244 条规定的执行措施后，被执行人仍不能偿还债务的，应当继续履行义务。债权人发现被执行人有其他财产的，可以随时请求人民法院执行。第 255 条规定，被执行人不履行法律文书确定的义务的，人民法院可以对其采取或者通知有关单位协助采取限制出境，在征信系统记录、通过媒体公布不履行义务信息以及法律规定的其他措施。

其二，行政裁判的强制执行。《行政诉讼法》第 94 条规定,当事人必须履行人民法院发生法律效力的判决、裁定、调解书。第95条规定,公民、法人或者其他组织拒绝履行判决、裁定、调解书的,行政机关或者第三人可以向第一审人民法院申请强制执行,或者由行政机关依法强制执行。第96条规定,行政机关拒绝履行判决、裁定、调解书的,第一审人民法院可以采取下列措施:(1)对应当归还的罚款或者应当给付的款额,通知银行从该行政机关的账户内划拨;(2)在规定期限内不履行的,从期满之日起,对该行政机关负责人按日处50元至100元的罚款;(3)将行政机关拒绝履行的情况予以公告;(4)向监察机关或者该行政机关的上一级行政机关提出司法建议。接受司法建议的机关,根据有关规定进行处理,并将处理情况告知人民法院;(5)拒不履行判决、裁定、调解书,社会影响恶劣的,可以对该行政机关直接负责的主管人员和其他直接责任人员予以拘留;情节严重,构成犯罪的,依法追究刑事责任。第97条规定,公民、法人或者其他组织对行政行为在法定期间不提起诉讼又不履行的,行政机关可以申请人民法院强制执行,或者依法强制执行。

其三,行政决定的强制执行。以金钱给付义务的强制执行为例。《行政强制法》第45条规定,行政机关依法作出金钱给付义务的行政决定,当事人逾期不履行的,行政机关可以依法加处罚款或者滞纳金。加处罚款或者滞纳金的标准应当告知当事人。加处罚款或者滞纳金的数额不得超出金钱给付义务的数额。第 46 条规定，行政机关依照本法第 45 条规定实施加处罚款或者滞纳金超过 30 日，经催告当事人仍不履行的，具有行政强制执行权的行政机关可以强制执行。行政机关实施强制执行前，需要采取查封、扣押、冻结措施的，依照本法第三章规定办理。没有行政强制执行权的行政机关应当申请人民法院强制执行。但是，当事人在法定期限内不申请行政复议或者提起行政诉讼，经催告仍不履行的，在实施行政管理过程中已经采取查封、扣押措施的行政机关，可以将查封、扣押的财物依法拍卖抵缴罚款。第 47 条规定，划拨存款、汇款应当由法律规定的行政机关决定，并书面通知金融机构。金融机构接到行政机关依法作出划拨存款、汇款的决定后，应当立即划拨。法律规定以外的行政机关或者组织要求划拨当事人存款、汇款的，金融机构应当拒绝。第 48 条规定，依法拍卖财物，由行政机关委托拍卖机构依照《拍卖法》的规定办理。

3. 控权

习近平总书记指出，要坚持用制度管权管事管人，抓紧形成不想腐、不能腐、不敢腐的有效机制，让人民监督权力，让权力在阳光下运行，把权力关进制度的笼子里。

权力是一把"双刃剑",在法治轨道上行使权力可以造福人民,在法律之外行使权力则必然祸害国家和人民。把权力关进制度的笼子里,就是要依法设定权力、规范权力、制约权力、监督权力。

党的十九大报告要求,增强党自我净化能力,根本靠强化党的自我监督和群众监督。要加强对权力运行的制约和监督,让人民监督权力,让权力在阳光下运行,把权力关进制度的笼子。

◎ "窑洞对"

> 1945年,黄炎培到延安考察,对毛泽东说:"我生六十多年,耳闻的不说,所亲眼看到的,真所谓'其兴也勃焉','其亡也忽焉',一人,一家,一团体,一地方,乃至一国,不少单位都没有能跳出这周期律的支配力,大凡初时聚精会神,没有一事不用心,没有一人不卖力,也许那时艰难困苦,只有从万死中觅取一生。既而环境渐渐好转了,精神也就渐渐放下了。有的因为历时长久,自然地惰性发作,由少数演为多数,到风气养成,虽有大力,无法扭转,并且无法补救。也有为了区域一步步扩大了,它的扩大,有的出于自然发展,有的为功业欲

> 所驱使，强求发展，到干部人才渐见竭蹶，艰于应付的时候，环境倒越加复杂起来了。控制力不免趋于薄弱了。一部历史，'政怠宦成'的也有，'人亡政息'的也有，'求荣取辱'的也有。总之没有能跳出这周期律。中共诸君从过去到现在，我略略了解的了。就是希望找出一条新路，来跳出这周期律的支配。"毛泽东的回答是，"我们已经找到新路，我们能跳出这周期律。这条新路，就是民主。只有让人民来监督政府，政府才不敢松懈。只有人人起来负责，才不会人亡政息。"

2012年12月，习近平总书记走访8个民主党派中央和全国工商联，并同各民主党派中央和全国工商联领导人分别座谈。习近平谈到毛泽东和黄炎培在延安窑洞关于历史周期律的一段对话。这段对话至今对中国共产党都是很好的鞭策和警示。

法治之于国家权力三项基本功能的目的是完全一致的，即尊重和保障人权。通过宪法和法律赋予国家权力的目的是尊重和保障人权，宪法和法律规定了一系列保障国家权力有效运行的措施的目的是尊重和保障人权，通过宪法和法律控制国家权力、防止国家权力滥用的目的也是尊重和保障人权。在三项基本功能之中,控权是基本前提。只有在宪法和法律能够控制国家权力的前提下,赋予国家权力、保障国家权力才有意义,才能使国家权力起到保障人权的积极作用。在宪法和法律无法控制国家权力的前提下,越是赋予国家权力、保障国家权力有效运行,国家权力的消极作用就越大。因此,法治就是法的统治,首先是以法治权。

二、为什么需要制度控权?

(一)国家权力是一把"双刃剑"

如前所述,政府通过行使国家权力,有效地维持各类秩序,提供必要的公共产品和公共服务,保障人权。人权的"人"虽然是普遍意义上的人,是不区分国家、民族、种族、性别等的人,是一种自然意义上的人,但在现代,人仍然是以国家为单位生活的,人总是某一个特定国家的人,是一个特定国家共同体中的人。人权除由一系列国际人权公约作出宣示,其重要的内容还由每一个特定国家以宪法和法律的形式法定化为公民权利,包括公民的基本权利和其他权利。相应地,国家承担着保障这些基本权利和其他权利实现的义务。在这一意义上,国家是保障人权实现的最有效的组织,国家权力是保障人权实现的最有效的力量。如果没有国家，没有国家权力，没有国家权力的有效运行，人权是不可能实现的。

国家权力实质上是对人权限制的总和。同时，国家权力的内容及特性又决定了它极有可能侵犯人权。国家权力就是控制和分配社会有限资源的强制力。从内容上看，国家权力控制和分配的是社会的有限资源。社会资源总是处于有限状态，国家权力恰恰就是控制并且分配这些资源的力量。国家权力应当控制多少社会资源、如何分配这些社会资源，是任何一个社会必须解决的问题，而更深层次的问题是控制和分配这些资源的国家权力如果不受到限制，它在控制和分配这些资源时，必然会被滥用。从国家权力的特性看，它具有极强的强制力。国家是一种特殊的社会组织，这一组织的特征与其他社会组织的特征相比较，除了较强的严密性，最重要的特征在于它的特殊的强制力。控制和分配有限的社会资源和特殊的强制力，构成了国家权力的基本特征。由此，国家权力具有以下两个消极特性：

（1）滥用，即绝对的权力必然导致绝对腐败。所谓滥用，即国家权力获得了宪法和法律的授权，但实际行使权力的目的与授权的目的不一致。所谓绝对的权力，即不受控制、约束和监督的权力，这样的权力必然被滥用。孟德斯鸠说，一切有权力的人都容易滥用权力，这是万古不易的一条经验。

（2）扩张，即如孟德斯鸠所说，有权力的人往往使用权力一直到遇有界限的地方才休止。所谓扩张，即国家机关越出了授权范围。如前所述，在法治社会中，任何一种权力都存在法律边界，但权力不可能自觉地在法律边界之内行使。因此，权力还存在另外一个边界，即实际边界。最理想的状态是实际边界与法律边界重合。权力的实际边界受制于外界制约和监督力量。如果权力的外界制约和监督有力，则实际边界就会与法律边界重合；反之，如果权力的外界制约和监督无力，则权力的实际边界就会大大超出法律边界。

无论是权力滥用，还是权力扩张，都必然会侵犯人权。在这一意义上，国家权力又是侵犯人权的重要因素。与个人侵犯人权的情况不同，国家权力侵犯人权在表面上表现为有合法的形式，同时又有极其强大的强制力作为后盾。

人类社会发展至今，人们面对国家权力存在着两难选择：如果没有国家权力，人权实际上没有保障；而如果有了国家权力，人权也没有保障。可以说，人类自有国家以来，一直在想方设法解决这一难题——如何发挥国家权力的积极作用以避免其消极作用。人类社会的政治文明、制度文明就是解决这一难题的进步的产物和结果。所谓文明国家，就是国家权力的积极作用得到充分发挥、消极作用得以抑制的国家；所谓野蛮国家，就是国家权力的积极作用未能得到充分发挥、消极作用未能得以抑制的国家。

(二) 人性的两面性

在人民主权原则下，人民能否通过选举出道德品质优秀的人代表自己行使国家权力，以避免其滥用和扩张权力？即能否通过掌握国家权力的人的自律，通过他们自身的道德修养，通过对他们进行持续不断的思想教育，来达到防止国家权力的滥用和扩张的效果？换言之，虽然国家权力必然滥用和扩张，但掌握国家权力的人的道德自律性能够保证国家权力在法律边界之内行使。

这里就需要问一个基本的问题：代表人民掌握国家权力的"人"是否是人？回答当然只能是肯定的。在此基础上，需要追问一个问题：人性是什么？即人性是自私的还是高尚的？人性恶还是人性善？人是天使还是魔鬼？自私和高尚是人性中的两面。换言之，人性中既有自私的一面，也有高尚的一面，可以说，人性是两者兼而有之的。如果一概而论地认为人性都是自私的，显然是不全面的，因为这将使社会中的那些善举无法解释；如果一概而论地认为人性都是高尚的，显然也是不客观的，因为这将使社会中的那些恶行无法解释。因此，实际上，人性中既存在自私的一面，也存在高尚的一面。

我们知道，社会的运行和秩序必然需要制度、规则，而在制定制度、规则时，就必须在人性恶和人性善之间作出假设。假设的前提不同，制度、规则的设计也就有所不同。如果假设人性善，人民所选举出来作为代表自己行使国家权力的人都是天使，那么，宪法和法律在授予其权力时，就无须同时设计各种监督制度，以防止其滥用和扩张权力；如果假设人性恶，人民在不得不将国家权力授予其行使的同时，必然考虑到其滥用和扩张权力的可能性，在宪法和法律中预先设计各种监督制度，以防止其滥用和扩张权力。

人类几千年的国家生活经验反复告诉我们，如果以假设人性恶为前提设计制度，则我们个人的权利更能受到保障。邓小平同志曾深刻地指出，好的制度能让坏人干不了坏事，不好的制度，能让好人变坏。所谓好的制度，就是在假设人性恶的前提下，预先设计了各种防止权力滥用和扩张的监督制度，设计了权力行使的各种底线要求的制度。即使是道德品质恶劣的人，因受到种种制度上的约束和监督，也无法实施恶行。所谓坏的制度，就是在假设人性善的前提下，只赋予权力而不对权力进行监督和约束的制度。即使是道德品质高尚的人，在权力所带来的巨大利益诱惑面前，道德自律底线也会崩溃、失守，而作出违法犯罪的行为。

对于人性恶的假设，在理论上也能够找到充分的根据。按照马克思主义理论，人类在进入共产主义社会以后，即不需要国家和国家权力以处理社会公共事务。共产主义实现的基本条件是物质的极大丰富和社会成员的思想觉悟极大提高。在目前的社会发展阶段，还需要国家和国家权力，说明物质没有达到极大丰富的程度，也说明社会成员的思想觉悟没有达到极高的程度。换言之，国家和国家权力存在的必要性是以社会成员思想觉悟没有极大提高这一假设为前提的。另外，所有的人都会认为为了维持社会秩序，法律的存在是必要的。那么，法律的内容是什么呢？法律规定的内容是为了维持社会各类秩序所必需的最低道德。国家为什么要将最低道德以法律的形式作出规定，并以国家强制力要求社会成员必须遵守？显然，这是以如果依靠社会成员的自律，社会最低道德也无法实现这一假设为前提的。

在假设人性恶的前提下，人在不掌握国家权力的情况下，有可能作恶，但其危害性总体上是有限的；但如果人掌握了权力，必然滥用和扩张的国家权力，甚至有可能作大恶。

河南省交通厅厅长"前腐后继"

第一任厅长曾锦城在任时曾以写血书的方式向省委表示:"我以一个党员的名义向组织保证,我绝不收人家的一分钱,绝不做对不起组织的一件事……"第二任厅长张昆桐一上任便向省委领导表示一定要吸取前任厅长的沉痛教训,并提出口号:"让廉政在全省高速公路上延伸。"第三任厅长石发亮在刚上任时提出的口号是"一个'廉'字值千金",并将其细化成"两个原则":"不义之财分文不取,人情工程一件不干。"第四任厅长董永安赌咒发誓"要秉公用权,谨守廉洁之节;要生活正派,始终做到清正廉洁"。

上述四位厅长中,曾锦城被判处有期徒刑15年,其他三位厅长均被判处无期徒刑。笔者认为,四位厅长在组织找其谈话之时及上任之初所表示的上述决心,是其内心真实意思的表达。但是,交通厅厅长权力巨大,巨大的权力必然会带来巨大的利益诱惑,如果仅仅依靠其自律去抵御巨大的利益诱惑,则必然出现上述结果。如果在制度设计时已经预料到其必然滥用权力和扩张权力,使其不拥有巨大的权力,同时在其行使权力时公开透明、依据正当程序,达到使其不能贪的效果，再辅之以思想教育和不敢贪的机制监管，那么，上述四位厅长就有可能不因贪污腐败而被判刑。

◎ 英国政府雇用私人船只运送囚犯至澳大利亚

> 澳大利亚曾经是英国的罪犯流放地。英国政府雇用了一些私人船只将犯人运送至澳大利亚。开始时，依上船人数支付费用，在运送过程中的死亡率达到37%；而后，仍然依上船人数支付费用，政府派人监督，犯人在运送过程中的死亡率达到35%；最后，依上岸人数支付费用，犯人在运送过程中的死亡率降至1%。

上述第一种做法是假设私人船只老板人性高尚，有着人的基本良心，既然拿到了钱，就会安全地将犯人运到澳大利亚，但这种做法的结果是失败的。第二种做法是假设私人船只老板虽人性高尚，但其在运送过程中可能不尽职尽责，因此，政府选派官员监督，但未预料到官员也可能是自私的，可能滥用监督权力，这种做法的结果也是失败的。第三种做法是假设私人船只老板是自私的，而针对其自私逐利的心理并利用这一点，这种做法达到了最好的效果。可见，在设计制度时，如果假设人性是高尚的，人都是有觉悟的，制度的运行依靠人的觉悟，那么制度是一定会失败的；如果假设人性是自私的，设计制度时肯定人的自私并利用人的自私，以维护公共利益为目标，制度就能够成功。

🎯 如何保证降落伞质量？

> 第二次世界大战中期，美国空军降落伞质量的合格率为99.9%，这意味着在每1000个跳伞的士兵中，可能有一个士兵因为降落伞的质量不合格而送命。军方要求降落伞质量的合格率为100%，厂家表示无法达到，瑕疵是难免的。最后，军方改变检测方法，每次检测时，从降落伞中随机抽一个出来，让厂家负责人先使用该降落伞跳伞，降落伞的不合格率遂变为零。

这个案例说明，自私是人的本性，谴责人的自私本性，甚至试图改变人的自私本性，都是徒劳的。人既是个体意义上的人，也是社会意义上的人，但人首先是个体意义上的人。作为个体意义上的人，必然先考虑自己的利益，这是非常正常的思维，应当是无可厚非的。但作为一个社会意义上的人，又必须考虑他人的利益和公共利益，必须考虑个人的社会责任和社会义务，实际上，只有这样，自身的利益才能够真正得以实现。作为一个人，在考虑自身利益之后，必须考虑他人和社会的利益，这才是一种正常的思维。而制度的设计必须假设人的自私本性，并利用人的自私本性，促使人在思维和行为上尽到自己的社会责任和社会义务，而不只是一味地批评和谴责人的自私本性。

◎ 赖小民受贿、贪污、重婚案

> 2020年8月11日，天津市第二中级人民法院一审公开开庭审理了中国华融资产管理股份有限公司原董事长赖小民受贿、贪污、重婚一案。
>
> 天津市人民检察院第二分院起诉指控，2008年至2018年，被告人赖小民利用担任中国银行业监督管理委员会办公厅主任，中国华融资产管理公司党委副书记、总裁，中国华融资产管理股份有限公司党委书记、董事长，华融湘江银行股份有限公司党委书记（兼）等职务上的便利，为有关单位和个人谋取利益，或利用其职权、地位形成的便利条件，通过其他国家工作人员职务上的行为，为他人谋取不正当利益，直接或通过他人索取、非

法收受相关单位和个人给予的财物，共计折合人民币17.88亿余元，其中1.04亿余元尚未完成收受。2009年年底至2018年1月，赖小民利用职务便利，伙同他人非法占有公共资金共计人民币2513万余元。此外，赖小民在合法婚姻关系存续期间，还与他人长期以夫妻名义共同居住生活，并育有二子。依法应当以受贿罪、贪污罪、重婚罪追究其刑事责任。2021年1月5日，天津市第二中级人民法院公开宣判由天津市人民检察院第二分院提起公诉的中国华融资产管理股份有限公司原党委书记、董事长赖小民受贿、贪污、重婚一案，对被告人赖小民以受贿罪判处死刑，剥夺政治权利终身，并处没收个人全部财产；以贪污罪，判处有期徒刑11年，并处没收个人财产人民币200万元；以重婚罪，判处有期徒刑1年，决定执行死刑，剥夺政治权利终身，并处没收个人全部财产。

赵正永受贿案

2020年5月11日，天津市第一中级人民法院一审公开开庭审理了第十二届全国人大内务司法委员会原副主任委员、中共陕西省委原书记赵正永受贿一案。

> 天津市人民检察院第一分院指控：2003年至2018年，被告人赵正永利用担任中共陕西省委常委、政法委书记，陕西省人民政府副省长、中共陕西省委副书记，陕西省人民政府代省长、省长、中共陕西省委书记等职务上的便利，为有关单位和个人在工程承揽、职务晋升、工作调动、企业经营等事项上谋取利益，单独或者伙同其妻等人非法收受上述单位和个人给予的财物，共计折合人民币7.17亿余元。其中2.91亿余元尚未实际取得，属于犯罪未遂。
>
> 2020年7月31日，天津市第一中级人民法院公开宣判，对被告人赵正永以受贿罪判处死刑，缓期二年执行，剥夺政治权利终身，并处没收个人全部财产，在其死刑缓期执行二年期满依法减为无期徒刑后，终身监禁，不得减刑、假释。

（三）社会权利和公民权利制约国家权力需要制度

在国家权力之外，还存在社会权利和公民权利。那么，社会权利和公民权利能否构成对国家权力的有效制约呢？不可否认，社会权利包括新闻舆论监督、市场主体行使经济权利、社会团体的权利等，这些对国家权力是一种监督力量；公民行使宪法上的各种个体或者集体形式的基本权利，这对国家权力也是一种监督力量。但是，当国家权力处于高度集中的状态时，社会权利和公民权利并不能构成对国家权力的有效制约力量。同时，社会权利和公民权利要对国家权力构成制约，必须依据制度，并在法定程序范围内进行。

国家权力可能被滥用和扩张，掌握国家权力的人又是具有自私本性的，社会权利和公民权利不是一种足以与国家权力对抗的力量。那么，要防止国家权力被滥用和扩张，要防止掌握国家权力的人滥用权力，就必须像习近平总书记所说的那样，要"把权力关进制度的笼子里"。

三、制度是如何控权的？

十九届四中全会决定提出，要完善权力配置和运行制约机制。坚持权责法定，健全分事行权、分岗设权、分级授权、定期轮岗制度，明晰权力边界，规范工作流程，强化权力制约。构建一体推进不敢腐、不能腐、不想腐体制机制。坚定不移推进反腐败斗争，坚决查处政治问题和经济问题交织的腐败案件，坚决斩断"围猎"和甘于被"围猎"的利益链，坚决破除权钱交易的关系网。党的十九大报告指出，必须夺取反腐败斗争压倒性胜利。人民群众最痛恨腐败现象，腐败是我们党面临的最大威胁。只有以反腐败永远在路上的坚韧和执着，深化标本兼治，保证干部清正、政府清廉、政治清明，才能跳出历史周期律，确保党和国家长治久安。当前，反腐败斗争形势依然严峻复杂，巩固压倒性态势、夺取压倒性胜利的决心必须坚如磐石。要坚持无禁区、全覆盖、零容忍，坚持重遏制、强高压、长震慑，坚持受贿行贿一起查，坚决防止党内形成利益集团。在市县党委建立巡察制度，加大整治群众身边腐败问题力度。不管腐败分子逃到哪里，都要缉拿归案、绳之以法。推进反腐败国家立法，建设覆盖纪检监察系统的检举举报平台。强化不敢腐的震慑，扎牢不能腐的笼子，增强不想腐的自觉，通过不懈努力换来海晏河清、朗朗乾坤。

要真正、完全地把权力关进制度的笼子里，必须有"不敢腐、不想腐、不能腐"三个笼子。三个笼子共同作用，形成严密的监督制度体系，缺一不可。

1. 不敢腐

所谓不敢腐，即制定严惩贪污腐败行为的制度，包括严厉地追究法律责任、纪律责任（政治责任）。法律责任包括刑事责任、行政责任和追偿责任（经济责任）；纪律责任（政治责任）包括撤职、责令辞职、降级、引咎辞职等。其中，最严厉的是刑事责任。

党的十八大以来，党中央对贪污腐败行为采取零容忍的态度，实施了一系列的严厉措施，追究了一大批贪污腐败官员的法律责任和纪律责任（政治责任）。

关于刑事责任，以2015年由第十二届全国人大常委会第十六次会议表决通过的现行刑法第九个修正案为例。《刑法修正案（九）》按照党的十八届三中全会对加强反腐败工作、完善惩治腐败犯罪法律规定的要求，加大惩处腐败犯罪力度，进一步完善反腐败的制度规定。

（1）修改贪污受贿犯罪的定罪量刑标准。现行刑法对贪污受贿犯罪的定罪量刑标准规定了具体数额。这样的规定是1988年全国人大常委会根据当时惩治贪污贿赂犯罪的实际需要和司法机关的要求作出的。从实践的情况来看，规定数额虽然明确具体，但此类犯罪情节差别很大，情况复杂，单纯考虑数额，难以全面反映具体个罪的社会危害性。同时，数额规定得过于死板，有时难以根据案件的不同情况做到罪刑相适应，量刑不统一。根据各方面意见，新法删去对贪污受贿犯罪规定的具体数额，原则地规定了数额较大或者情节较重、数额巨大或者情节严重、数额特别巨大或者情节特别严重三种情况，相应地规定三档刑罚，并且对数额特别巨大，并使国家和人民利益遭受特别重大损失的，保留适用死刑。同时，考虑到反腐斗争的实际需要，对犯贪污受贿罪，在提起公诉前如实供述自己罪行、真诚悔罪、积极退赃，避免、减少损害结果的发生的，可以从轻处罚。

(2) 增加规定，对犯贪污、受贿罪，被判处死刑缓期执行的，人民法院根据犯罪情节等情况可以同时决定在其死刑缓期执行二年期满依法减为无期徒刑后，终身监禁，不得减刑、假释。这一规定有利于体现罪刑相适应的刑法原则，维护司法公正，防止在司法实践中出现这类罪犯通过减刑等途径导致服刑期过短的情形，符合宽严相济的刑事政策。

(3) 加大对行贿犯罪的处罚力度。主要是：第一，完善行贿犯罪财产刑规定，使犯罪分子在受到人身处罚的同时，在经济上也得不到好处。第二，进一步严格对行贿罪从宽处罚的条件。将"行贿人在被追诉前主动交待行贿行为的，可以减轻处罚或者免除处罚"的规定，修改为"行贿人在被追诉前主动交待行贿行为的，可以从轻或者减轻处罚。其中，犯罪较轻的，对侦破重大案件起关键作用的，或者有重大立功表现的，可以减轻或者免除处罚"。

(4) 严密惩治行贿犯罪的法网，增加利用国家工作人员的影响力谋取不正当利益，向其近亲属等关系密切人员行贿的犯罪的规定。具体规定为：为谋取不正当利益，向国家工作人员的近亲属或者其他与该国家工作人员关系密切的人,或者向离职的国家工作人员或者其近亲属以及其他与其关系密切的人行贿的,处三年以下有期徒刑或者拘役,并处罚金;情节严重的,或者使国家利益遭受重大损失的,处三年以上七年以下有期徒刑,并处罚金;情节特别严重的,或者使国家利益遭受特别重大损失的,处七年以上十年以下有期徒刑,并处罚金。

关于党的纪律要求及纪律责任方面更是如此,自党的十八大以来,党中央及中央纪律检查委员会陆续出台了一系列规定。

党的十九大报告还特别要求,强化自上而下的组织监督,改进自下而上的民主监督,发挥同级相互监督作用,加强对党员领导干部的日常管理监督。深化政治巡视,坚持发现问题、形成震慑不动摇,建立巡视巡察上下联动的监督网。深化国家监察体制改革,将试点工作在全国推开,组建国家、省、市、县监察委员会,同党的纪律检查机关合署办公,实现对所有行使公权力的公职人员监察全覆盖。制定国家监察法,依法赋予监察委员会职责权限和调查手段,用留置取代"两规"措施。改革审计管理体制,完善统计体制。构建党统一指挥、全面覆盖、权威高效的监督体系,把党内监督同国家机关监督、民主监督、司法监督、群众监督、舆论监督贯通起来,增强监督合力。

为了坚持中国共产党对国家监察工作的领导,构建具有中国特色的国家监察体系,建立集中统一、权威高效的反腐败体制,强化党和国家的自我监督,推进国家治理体系和治理能力现代化,同时,为了推进全面依法治国,实现对行使公权力的公职人员进行监察,调查职务违法和职务犯罪,使公权力始终置于人民监督之下,用来为人民谋利益,深入开展反腐败工作,党中央决定进行国家监察体制改革。

2016年,中共中央办公厅印发《关于在北京市、山西省、浙江省开展国家监察体制改革试点方案》,部署在3省市设立各级监察委员会,从体制机制、制度建设上先行先试、探索实践,为在全国推开积累经验。2016年12月25日,第十二届全国人大常委会第二十五次会议通过《关于在北京市、山西省、浙江省开展国家监察体制改革试点工作的决定》。根据该决定,北京市、山西省、浙江省已经设立了监察委员会进行国家监察体制改革试点。

2017年,中共中央办公厅印发《关于在全国各地推开国家监察体制改革试点方案》。2017年11月4日第十二届全国人民代表大会常务委员会第三十次会议通过《关于在全国各地推开国家监察体制改革试点工作的决定》。

2018年3月"两会"期间,全国人大通过宪法修正案,在国家机构部分增设"监察委员会",并依据宪法制定《监察法》。依据宪法和监察法在全国范围内普遍设立监察委员会。监察委员会是在国家机构体系中新增加的统一、高效、权威的专门的反腐败国家机关。依据监察法的规定,监察机关按照管理权限对下列公职人员进行监察:(1)中国共产党机关、人大机关、行政机关、政协机关、监察机关、审判机关、检察机关、民主党派和工商联机关的公务员以及参照《公务员法》管理的人员;(2)法律、法规授权或者受国家机关依法委托管理公共事务的组织中从事公务的人员;(3)国有企业管理人员;(4)公办的教育、科研、文化、医疗卫生、体育等单位中从事管理的人员;(5)基层群众性自治组织中从事集体事务管理的人员;(6)其他依法履行公职的人员。监察机关依法行使监察权,主要职能是:(1)维护宪法和法律法规;(2)依法监察公职人员行使公权力的情况,调查职务违法和职务犯罪;(3)开展廉政建设和反腐败工作。可见,该国家机关的主要职能是有效地查处腐败行为、严厉地惩处腐败行为,其仍然是解决不敢腐的问题。

不敢腐的制度解决的主要是在官员贪污腐败之后的惩罚问题，而没有解决如何防止其贪污腐败的问题。因此，不敢腐的制度是必要的，但这一制度是"治标而不治本"的。

2. 不想腐

通过对官员的思想教育、道德教育、廉政教育、党性教育，以达到使其在观念上认为贪污腐败是可耻的，最终达到不想腐的效果。笔者认为，这些教育是非常有意义的，但要完全达到不想腐的效果又是很有限的。

如前所述，在制度设计时，只能假设人性是自私的，在其他制度的设计上，也必须基于同一假设和判断，特别是在公务员的薪酬制度上。如果我们在某种制度设计上假设人性是自私的，而在其他制度设计上又假设人性是高尚的，就会形成自相矛盾的情况。

不想腐的制度主要是指使公务员享有比较高的薪酬，即高薪养廉。高薪能够吸引社会上的优秀人才进入公务员队伍，不仅能够提升公务员队伍的管理能力，而且这些优秀人才的道德水准会相对比较高；高薪能够保证职业的尊严感，使公务员非常珍惜自己的工作岗位和职业；高薪能够维护公务员个人的尊严感和荣誉感。人是趋利避害的动物，高薪能够维持公务员相对比较优越、稳定的生活，使其在利益诱惑面前，能够作出选择：如果不贪，此生在保持尊严和荣誉的前提下，可以过上稳定而优越的生活；如果贪，不仅可能身败名裂，而且无法过上稳定、优越的生活。

我国香港的反腐败经验是值得借鉴的。香港在"不想腐"方面，主要依靠两个制度：一是廉政或廉洁教育；二是激励性的预防制度设计。在廉政或廉洁教育方面，自1974年廉政公署成立起，香港就提出了一个全员廉洁教育战略，并由社区关系处的200多名专业宣教人员负责执行。经过长达40余年的不懈努力，彻底改造了香港社会的腐败文化，建立起了廉洁文化，实现了全社会对腐败的零容忍，把廉洁确立为香港社会的核心价值观。在激励性的预防制度设计方面，香港设立了高薪养廉制度和廉政退休金制度，以及公正、公平、竞争性的公务员选拔制度。我国内地目前实行高薪养廉的困难在于，公务员队伍过于庞大，难以支付巨额的高薪。对此，大规模缩小公务员队伍是唯一的选择。

3. 不能腐

所谓不能腐，即在设定国家权力、分配国家权力、行使国家权力时，已经预计到国家权力必然被滥用和扩张、行使国家权力的人必然滥用权力的各种可能性，而采取各种预防性的制度设计。不能腐的制度主要是由一个国家的宪法和宪法性法律设计和完成的。法律的功能主要是调整社会成员的行为，而宪法的功能主要是规范国家权力。宪法在规范国家权力时，是以国家权力必然被滥用和扩张这一假设为前提的。因此，宪法的基本原则是人民主权原则、国家权力制约和监督原则、法治原则、人权保障原则，即在坚持人民主权的前提下，通过制约和监督国家权力，以保障人权。

依据宪法的基本原则，宪法和宪法性法律确立的防止国家权力被滥用和扩张的原则及制度主要是国家权力的授权原则、国家权力分工与监督制度、宪法保留原则、法律保留原则、政府信息公开原则、正当程序原则、财产公开原则、比例原则、税收与财政法定原则、维护公民基本权利（个人权利清单）原则、审判独立原则、合宪性审查制度、合法性审查制度等。

在宪法上，仅对国家机关及其工作人员的监督制度，就包括人民监督人民代表、人民监督人民代表大会、人民监督国家机关及其工作人员、人民代表大会监督其他国家机关、专门国家机关监督国家工作人员、上级国家机关监督下级国家机关等各种制度。

在上述三项监督制度中，不能腐的制度是反腐败的根本之道。在已经建立不能腐、不想腐制度的前提下，真正能够实施腐败行为的人会大为减少，再辅之以不敢腐的制度，才能彻底解决腐败问题。如果仅仅只建立不敢腐的制度，那么只能治标而不能治本。

第六讲

正当程序思维

狭义上的程序，是指国家机关行使国家权力所必须遵循的方式和步骤的过程。所谓方式，是指行为过程的空间表现形式，即构成行为过程的一个个方法和形式，如作出一个决定，需要进行调查、听取当事人陈述、把决定告知当事人、说明理由等。这些活动就是行为过程中的方式。所谓步骤，是指行为过程的时间表现形式，包括行为方式的先后顺序，每一环节和每种方式的时间限制。国家机关行使国家权力的各个方式按照一定的步骤串联起来，形成了行为的全过程，也就是构成了程序。广义上的程序，还包括作出行为的主体的合法性和正当性。

依据国家机关行使的国家权力的性质和特点不同，程序可以分为立法程序、行政程序和司法程序。立法程序是国家立法机关制定法律、法规及其他规范性文件的程序，一般包括提案、审议、表决、通过和公布等基本程序。行政程序是行政主体采取行政行为的步骤、方式。行政立法程序是由行政主体在制定行政法规、规章过程中应当遵守的方式、步骤和时限所构成的一个连续过程。行政立法程序属于行政程序,而非立法程序。司法程序是指司法机关办理案件的程序,一般包括起诉、受理、审理、判决和执行等基本程序。立法程序的最大特点是民主,行政程序的最大特点是简便、讲效率,司法程序的最大特点是公正。

程序依据不同的形态,可以分为正当程序和法定程序。正当程序属于理念层次,法定程序属于制度层次。从理论上说,正当程序与法定程序是完全相同的,即将正当程序的理念法定化为制度形态的程序。换言之,法定程序是正当程序的法定化、制度化。在我国,目前法定程序没有完全依照正当程序的理念而具体化,如我国至今未制定统一的行政程序法,有关行政程序的规范是分散在不同的法律、法规、规章之中的,而且有一些还没有达到正当程序的要求,因此,法定程序与正当程序之间是存在一定差距的。国家机关首先必须严格依照法定程序行使国家权力,在此基础上,还应该按照正当程序的要求行使国家权力。

正当程序的基本要求是:决定过程和决定向社会和当事人公开;作出不利决定前告知当事人将要作出的决定的事实、理由和依据;作出不利决定前听取当事人的陈述和申辩；作出重大决定前依申请或者依职权举行听证；在不利决定中必须充分说明理由；允许当事人寻求行政救济和司法救济。

一、正当程序的价值

实践中，重实体、轻程序是我国国家机关在行使国家权力中存在的一个主要问题。即重视宪法和法律有无赋予权力，而轻视国家权力行使的程序。国家机关有无获得宪法法律明确授权固然非常重要，但实际上，程序也非仅仅是可有可无的方式、步骤，其具有独立于实体权力的独特价值。

1. 通过正当程序保障实体公平正义

追求和实现实体上的公平正义是人类一直以来梦寐以求的目标，但因受到各种条件和因素的制约，有时只能达到接近实体公平正义这一目标，而无法达到人人所认同的实体或者实质意义上的公平正义的目标。在这一前提下，社会生活中又必须有一个人人认同的结果，并赋予这一结果以法律效力，以维护社会秩序和社会生活。而扮演这一角色的就是正当程序。即按照正当程序所得出的结果或者结论，虽然在实体上或者实质上无法判断其是否公平正义，但人们都必须接受这一结果或者结论。如果缺乏正当程序，结论的正当性和合法性就会受到质疑，甚至不可能有结论。

司法裁判就是如此。司法裁判的结论追求的是真理和真相，但得出司法裁判的结论所根据的是事实和法律。法律事实与其他事实本质的差异在于，法律事实必须依据证据进行认定。第一，必须要有证据；第二，证据与案件争议之间必须具有关联性，证据取得的程序和证据固定的方式必须具有合法性，证据必须具有客观性；第三，证据证明的案件事实必须具有唯一性，而不能是具有两种以上甚至多种可能性的；第四，某些证据的表现形式为鉴定意见，而鉴定意见的结论必须依据材料和专业知识得出，而提供鉴定的材料和专业知识又存在一定的局限性。证据由法律预先规定的负有举证责任的一方当事人提供，另一方当事人也可以提供对自己有利的证据，在特殊情况下，法院也有权收集证据。然而，案件中所能够收集到的证据，特别是能够被法院最终确定为"可定案根据"的证据，要据此完全还原案件的事实真相是不可能的。这就决定了司法裁判的结论所能够根据的事实的局限性。同时，司法裁判结论的另一个根据是法律规定。我们知道，法律调整的对象是社会共同体中的社会关系，而社会共同体中的每一个成员都有自己的利益，法律必须兼顾这些不同的利益，法律同时必须考虑社会共同体的利益，不可能绝对地保护某种利益。因此，法律只能成为不同利益的平衡器、调整器。受案件事实和法律这两大因素制约，同时还要受法官个人价值观、认识能力、知识水平等因素制约，这决定了司法裁判的结论不可能是真理，而只能是最接近真理的结论。而司法裁判的结论如何才能为当事人和社会所接受呢？这就只能依靠正当司法程序，即按照正当司法程序所得出的结论虽然可能有瑕疵，虽然不是真理，但应当不可能有另一个结论比它更接近真理。

人大代表的选举也是如此。从理论上说，人大代表是代表人民行使国家权力的，人民应当选举最有能力代表自己的人去行使国家权力、当家作主，实现人民主权。当某人具备法律规定的代表候选人资格以后，经过法律规定的提名、确定正式候选人、介绍、投票、宣布选举结果等程序而正式当选为人大代表。能否因此得出结论，当选为人大代表的人就是整个社会中最有能力、最能够代表人民行使国家权力的人？中外无数经验证明，这一结论当然是无法得出的。但某人经过法定选举程序被宣布为人大代表这一结论之所以具有法律效力，所有的人必须接受这一结论，是因为此人是经过正当选举程序而当选的。我们只能推定此人是人民选举的最适合的人大代表人选。

2. 通过正当程序保障行为的理性

正当程序的"正当"要求之一，就是必须在全面地、广泛地、客观地收集所有有关材料和事实的基础上得出结论、作出决定，而不能在只收集到部分材料和事实、听取某一方面当事人意见的情况下得出结论、作出决定。作出决定的是人，而人都是有感情的。如果仅仅在听到或者看到部分材料和事实后作出决定，该决定必然是轻率的。实践中，在互联网上经常出现此种情况。当社会生活中发生某一事件后，网民公布某些与事件有关的材料事实，互联网上便出现一种判断和观点，之后网民又陆续公布了其他材料和事实，互联网上又出现与此前截然相反的判断和观点。例如，成都高速公路上的男司机殴打女司机事件就是如此。第一天网民公布了男司机殴打女司机的视频，互联网上出现对男司机的一片谴责声音。次日，在男司机公布了行车记录仪的视频后，互联网上出现了完全相反的声音，一致谴责女司机，女司机出来道歉。两天之间观点反差如此之大，其主要原因在于，网民所听到和看到的材料不全面。网民在听到和看到两个视频之后得出的结论和判断一定是客观公正的吗？此事作为一起刑事案件，成都市中级人民法院对该案经过正当程序审理，审查了各方当事人提出的证据，听取了各方当事人的陈述、辩论，了解了案件的全部事实，通过判决得出的最终结论才是客观公正的。

众所周知，对于诉讼中承担举证责任的主体通常采用

"谁主张、谁举证"的原则确定，因此，在一般情况下，是由原告承担举证责任的。行政诉讼是因原告认为行政机关的行为违法而提起的，按照通常的规则应当由原告承担举证责任。但行政诉讼法明确要求被告行政机关在诉讼中承担举证责任，而且该证据必须是在作出行政行为之前收集的，在作出行政行为之后所收集的证据，法院对此一律不予承认。其基本根据就是按照正当程序的要求，行政机关必须在有充分确凿的证据之后才能作出决定。因此，在诉讼中只需要把作出行政行为之前所收集的证据提交法院即可。

正当程序的"正当"要求之二，就是必须直接听取各方利害关系人的陈述和申辩，了解各方利害关系人的利益、事实、证据、理由等，而不允许只听取一方当事人的意见。当事人之间的利益是不同的，甚至是相反的，如果只听取一方当事人的意见和根据，作出的决定可能是不全面、不客观的。法律在作出正面要求的同时，通常也从相反的方面作出规定，如国家机关在作出决定之前禁止单方接触当事人。

《行政处罚法》第 32 条规定，当事人有权进行陈述和申辩。行政机关必须充分听取当事人的意见，对当事人提出的事实、理由和证据，应当进行复核；当事人提出的事实、理由或者证据成立的，行政机关应当采纳。行政机关不得因当事人申辩而加重处罚。这是我国在法律层面第一次明确规定听取当事人陈述和申辩是作出行政行为的必经程序。《行政处罚法》第42条规定，行政机关作出责令停产停业、吊销许可证或者执照、较大数额罚款等行政处罚决定之前，应当告知当事人有要求举行听证的权利；当事人要求听证的，行政机关应当组织听证。当事人不承担行政机关组织听证的费用。举行听证时，调查人员提出当事人违法的事实、证据和行政处罚建议；当事人进行申辩和质证。

《行政许可法》第36条规定，行政机关对行政许可申请进行审查时，发现行政许可事项直接关系他人重大利益的，应当告知该利害关系人。申请人、利害关系人有权进行陈述和申辩。行政机关应当听取申请人、利害关系人的意见。第46条规定，法律、法规、规章规定实施行政许可应当听证的事项，或者行政机关认为需要听证的其他涉及公共利益的重大行政许可事项，行政机关应当向社会公告，并举行听证。第47条规定，行政许可直接涉及申请人与他人之间重大利益关系的，行政机关在作出行政许可决定前，应当告知申请人、利害关系人享有要求听证的权利；申请人、利害关系人在被告知听证权利之日起5日内提出听证申请的，行政机关应当在 20 日内组织听证。该法第 48 条规定，举行听证时，审查该行政许可申请的工作人员应当提供审查意见的证据、理由，申请人、利害关系人可以提出证据，并进行申辩和质证。

3. 通过正当程序保障当事人的程序性权利

宪法法律赋予国家机关以国家权力，该国家权力由获得授权的国家机关行使。但国家机关行使国家权力不仅仅是该国家机关自身的事情，任何国家权力的行使必然会涉及国家权力所指向的对象，即公民、法人或者其他组织。国家机关行使国家权力是合法的，公民、法人或者其他组织的权利也是合法的。如果国家机关滥用国家权力，则可能侵害公民、法人或者其他组织的合法权益。例如，法律授予国家机关在当事人违法的情况下以行政处罚权，而行政处罚权的行使就有可能损害当事人的人身自由、财产、作出某种行为的资格、声誉等。相应地，为了防止国家权力被滥用，保护自己的合法权益，公民、法人或者其他组织应当具有必要的程序性权利。因此，法律在规定国家行使国家权力的同时，也规定了当事人的一系列程序性权利。

《行政处罚法》第 6 条规定，公民、法人或者其他组织对行政机关所给予的行政处罚，享有陈述权、申辩权；对行政处罚不服的，有权依法申请行政复议或者提起行政诉讼。《行政许可法》第7条规定，公民、法人或者其他组织对行政机关实施行政许可，享有陈述权、申辩权；有权依法申请行政复议或者提起行政诉讼；其合法权益因行政机关违法实施行政许可受到损害的，有权依法要求赔偿。第30条规定，行政机关应当将法律、法规、规章规定的有关行政许可的事项、依据、条件、数量、程序、期限以及需要提交的全部材料的目录和申请书示范文本等在办公场所公示。申请人要求行政机关对公示内容予以说明、解释的，行政机关应当说明、解释，提供准确、可靠的信息。第38条规定，行政机关依法作出不予行政许可的书面决定的，应当说明理由，并告知申请人享有依法申请行政复议或者提起行政诉讼的权利。《行政强制法》第8条规定，公民、法人或者其他组织对行政机关实施行政强制，享有陈述权、申辩权；有权依法申请行政复议或者提起行政诉讼；因行政机关违法实施行政强制受到损害的，有权依法要求赔偿。

可见，在国家权力行使的过程中，法律赋予公民、法人或者其他组织以知情权、陈述权、申辩权、重大决定的申请听证权，以及作出决定以后的复议申请权、起诉权等。其基本功能是防止国家权力被滥用，保障公民、法人和其他组织的合法权益。

4. 通过正当程序保障行为的正当性进而保障公信力

如前所述，我国社会已经进入了利益多元化时代，所有的法律、制度、决定都必须反映这一特点和要求，必须兼顾这些不同的利益、平衡这些利益之间的关系。这样的法律、制度、决定才具有社会可接受性，实施起来成本低、效率高。国家机关的行为不仅具有合法性，更具有正当性，这必然增强国家机关的公信力。具体来讲，国家机关在制定法律、制度和作出决定的过程中，必须通过各种途径和渠道广泛听取不同利益主体的意见，相应地，任何人都有权利充分表达自己的利益诉求，参与法律、制度的制定过程，参与决定的作出过程。

《立法法》第 36 条规定，法律案有关问题存在重大意见分歧或者涉及利益关系重大调整，需要进行听证的，应当召开听证会，听取有关基层和群体代表、部门、人民团体、专家、全国人民代表大会代表和社会有关方面的意见。听证情况应当向常务委员会报告。《行政法规制定程序条例》第 13 条规定，起草行政法规，起草部门应当深入调查研究，总结实践经验，广泛听取有关机关、组织和公民的意见。听取意见可以采取召开座谈会、论证会、听证会等多种形式。第 21 条规定，国务院法制机构应当就行政法规送审稿涉及的主要问题，深入基层进行实地调查研究，听取基层有关机关、组织和公民的意见。第 22 条规定，行政法规送审稿涉及重大利益调整的，国务院法制机构应当进行论证咨询，广泛听取有关方面的意见。论证咨询可以采取座谈会、论证会、听证会、委托研究等多种形式。行政法规送审稿涉及重大利益调整或者存在重大意见分歧，对公民、法人或者其他组织的权利义务有较大影响，人民群众普遍关注的，国务院法制机构可以举行听证会，听取有关机关、组织和公民的意见。《规章制定程序条例》也作出了类似的规定。

党的十八届三中全会决定指出，完善人大工作机制，通过座谈、听证、评估、公布法律草案等扩大公民有序参与立法途径，通过询问、质询、特定问题调查、备案审查等积极回应社会关切。党的十八届四中全会决定指出，健全立法机关和社会公众沟通机制，开展立法协商，充分发挥政协委员、民主党派、工商联、无党派人士、人民团体、社会组织在立法协商中的作用，探索建立有关国家机关、社会团体、专家学者等对立法中涉及的重大利益调整论证咨询机制。拓宽公民有序参与立法途径，健全法律法规规章草案公开征求意见和公众意见采纳情况反馈机制，广泛凝聚社会共识。健全依法决策机制。把公众参与、专家论证、风险评估、合法性审查、集体讨论决定确定为重大行政决策法定程序，确保决策制度科学、程序正当、过程公开、责任明确。建立行政机关内部重大决策合法性审查机制，未经合法性审查或经审查不合法的，不得提交讨论。

《法治政府建设实施纲要（2015—2020年）》要求，提高政府立法公众参与度。拓展社会各方有序参与政府立法的途径和方式。健全法律法规规章起草征求人大代表意见制度，充分发挥政协委员、民主党派、工商联、无党派人士、人民团体、社会组织在立法协商中的作用。建立有关国家机关、社会团体、专家学者等对政府立法中涉及的重大利益调整论证咨询机制。拟设定的制度涉及群众切身利益或各方面存在较大意见分歧的，要采取座谈会、论证会、听证会、问卷调查等形式广泛听取意见。除依法需要保密的外，法律法规规章草案要通过网络、报纸等媒体向社会公开征求意见，期限一般不少于30日。加强与社会公众的沟通，健全公众意见采纳情况反馈机制，广泛凝聚社会共识。

北京市出租车涨价争议

2006年4月26日应北京市运输管理局提出的关于调整本市出租汽车租价的申请，北京市发改委举行价格听证会。此次申请的出租车租价调整方案是：将1.60元/公里车型租价标准调整为2.00元/公里，空驶加价、夜间加价和低速行驶等其他收费办法不变，同时建立油价与租价联动机制。多数听证会代表赞同租价随着油价上涨作出调整,建议建立由企业、驾驶员、乘客合理分担机制和油价租价联动机制。9位代表质疑听证材料的真实性和权威性。最终,听证会通过了预定的方案。但社会各界反响较大,议论纷纷。

2013年5月23日,北京市发改委召开出租车租价调整和完善燃油附加费动态调整机制听证会。在这次提交听证会讨论的两个方案中,起步价的调整相同,都是由现行的10元调到13元,同时,将原来超过基价公里加收3元的燃油附加费下降为对全部乘客加收1元燃油附加费,而对于每公里的基准价价格,方案一是从现在的2元提高到2.3元,方案二是从现在的2元提高到2.6元。听证会应到25人,实到24人。25人包括市消协推荐的消费者代表、市人大代表、市政协委员以及出租车司机和企业代表等利益相关方人员。每名听证会代表各有至少5分钟的时间,对两个方案提出自己的意见和建议,部分市民还可通过拨打热线电话报名参加旁听。据了解,在热线开通的20分钟内,10个旁听名额就全部报满。到场的24人中,23人明确表示同意涨价,仅1名消协推荐的消费者代表认为,在相关利益方尚未完全出台政策前,不应全部调整。同意方案一的代表占大多数,即"起步价13元,每公里基准价为2.3元"的方案。

北京市出租车两次涨价的社会效果和影响完全不同，第一次的争议较大，第二次的争议较少。其原因在于，第一次的涨价方案过于简单，参加听证会的代表不透明，听证程序不细致；第二次涨价听证会吸取了第一次的经验教训，没有预先确定的唯一方案，同时注重参加听证会的代表性，听证的程序规范，允许社会参与，取得了较好的效果。

二、正当程序的基本原则

正当程序的制度设计必须体现公开原则、公正原则、参与原则、效率原则。

1. 公开原则

公开原则是指与公民、法人或其他组织的权利/义务直接相关的公权力行为，应通过一定的行政程序让公众或者特定人知晓的原则。正当程序以公开为原则，以不公开为例外。

国务院于2007年4月5日发布《政府信息公开条例》（2019年修改），系统地规定了政府信息公开制度的基本内容。该条例第5条规定，行政机关公开政府信息，应当坚持以公开为常态、不公开为例外，遵循公正、公平、合法、便民的原则。第6条规定，行政机关应当及时、准确地公开政府信息。行政机关发现影响或者可能影响社会稳定、扰乱社会和经济管理秩序的虚假或者不完整信息的，应当发布准确的政府信息予以澄清。第14条规定，依法确定为国家秘密的政府信息，法律、行政法规禁止公开的政府信息，以及公开后可能危及国家安全、公共安全、经济安全和社会稳定的政府信息，不予公开。第19条规定，涉及公众利益调整、需要公众广泛知晓或者需要公众参与决策的政府信息，行政机关应当主动公开。第20条规定，行政机关应当依照本条例第19条的规定，主动公开本行政机关的下列政府信息：（1）行政法规、规章和规范性文件；（2）机关职能、机构设置、办公地址、办公时间、联系方式、负责人姓名；（3）国民经济和社会发展规划、专项规划、区域规划及相关政策；（4）国民经济和社会发展统计信息；（5）办理行政许可和其他对外管理服务事项的依据、条件、程序以及办理结果；（6）实施行政处罚、行政强制的依据、条件、程序以及本行政机关认为具有一定社会影响的行政处罚决定；（7）财政预算、决算信息；（8）行政事业性收费项目及其依据、标准；（9）政府集中采购项目的目录、标准及实施情况；（10）重大建设项目的批准和实施情况；（11）扶贫、教育、医疗、社会保障、促进就业等方面的政策、措施及其实施情况；（12）突发公共事件的应急预案、预警信息及应对情况；（13）环境保护、公共卫生、安全生产、食品药品、产品质量的监督检查情况；（14）公务员招考的职位、名额、报考条件等事项以及录用结果；（15）法律、法规、规章和国家有关规定规定应当主动公开的其他政府信息。第21条规定，除上述政府信息外，设区的市级、县级人民政府及其部门还应当根据本地方的具体情况，主动公开涉及市政建设、公共服务、公益事业、土地征收、房屋征收、治安管理、社会求助等方面的政府信息；乡（镇）人民政府还应当根据本地方的具体情况，主动公开贯彻落实农业农村政策、农田水利工程建设运营、农村土地承包经营权流转、宅基地使用情况审核、土地征收、房屋征收、筹资筹劳、社会救助等方面的政府信息。第27条规定，除上述行政机关主动公开的政府信息外，公民、法人或者其他组织可以向地方各级人民政府、对外以自己名义履行行政管理职能的县级以上人民政府部门（含本条例第10条第2款规定的派出机构、内设机构）申请获取相关政府信息。

  党的十八届四中全会决定指出，全面推进政务公开。坚持以公开为常态、不公开为例外原则，推进决策公开、执行公开、管理公开、服务公开、结果公开。各级政府及其工作部门依据权力清单，向社会全面公开政府职能、法律依据、实施主体、职责权限、管理流程、监督方式等事项。重点推进财政预算、公共资源配置、重大建设项目批准和实施、社会公益事业建设等领域的政府信息公开。涉及公民、法人或其他组织权利和义务的规范性文件，按照政府信息公开要求和程序予以公布。推行行政执法公示制度。推进政务公开信息化，加强互联网政务信息数据服务平台和便民服务平台建设。

《行政许可法》第5条规定，设定和实施行政许可，应当遵循公开、公平、公正非歧视的原则。有关行政许可的规定应当公布；未经公布的，不得作为实施行政许可的依据。行政许可的实施和结果，除涉及国家秘密、商业秘密或者个人隐私的外，应当公开。第30条规定，行政机关应当将法律、法规、规章规定的有关行政许可的事项、依据、条件、数量、程序、期限以及需要提交的全部材料的目录和申请书示范文本等在办公场所公示。申请人要求行政机关对公示内容予以说明、解释的，行政机关应当说明、解释，提供准确、可靠的信息。第40条规定，行政机关作出的准予行政许可决定，应当予以公开，公众有权查阅。

2. 公正原则

公正原则是指国家机关在作出公权力行为的过程中，在程序上要公正、平等对待各方当事人，排除各种可能不平等或不公正的因素的原则。公正原则主要由以下程序制度表现出来：（1）回避程序。与当事人有利害关系的工作人员应当避免参与有关行为，以免影响行政事务的公正处理。（2）议决程序。行为应经由若干国家机关工作人员组成的会议讨论后作出，以显出行为的公正性。（3）辩论程序。当事人各方有平等的陈述权和申辩权，以便维护自己的合法权益。（4）调查程序。国家机关应公正地查明一切与作出行政行为有关的事实真相。

3. 参与原则

参与原则是指国家机关在行使公权力行为时应在程序上保障相对方当事人或者有关人员有发表意见或观点的权利的原则。例如，听证是公民参与政治活动的一项基本权利，它便于人民参与国家行政管理，监督国家机关及国家公务员行使职权，防止腐败现象。参与原则的具体程序形式主要是召开听证会。实践中，一些国家机关工作人员对举行听证较为反感，认为费时费力、劳民伤财，这表现为能不举行听证的就不举行听证，能不让当事人参与听证的就不让当事人参与听证。实际上，目前我国法律上规定听证的范围是极为有限的，主要局限于两类情形：一是针对不特定的多数人的利益，如立法听证、价格听证等；二是针对特定人的重大利益，如重大行政处罚决定、重大行政许可决定等。无论是针对不特定的多数人的利益还是针对特定人的重大利益，如果这些决定在作出之前举行了听证，以听证的方式听取了不同意见和建议，在此基础上再作出决定，就能够更好地保证这些决定的合法性和合理性，行政主体避免未来在行政复议或者行政诉讼中处于被动地位。

4. 效率原则

效率原则是指正当程序应保证公权力行为能准确、及时或者简便、有效地得以实施的原则。正当程序不宜太烦琐、复杂，应简化、便宜，这样既可保证工作效率，又能及时保护公民、法人或其他组织的合法权益。

三、正当程序的基本制度

正当程序主要是通过以下基本制度实现的。

1. 书面受理制度

书面受理制度，即申请人提出申请以后，无论是否应当受理，都必须以书面形式答复。《行政许可法》第32条规定，行政机关受理或者不予受理行政许可申请，应当出具加盖本行政机关专用印章和注明日期的书面凭证。书面受理的法律意义在于，如果应当受理而不受理，申请人可以据此寻求法律救济；如果应当受理，而在法定期限内不予办理,申请人可以以逾期不履行法定职责为由,寻求法律救济。

2. 表明身份制度

表明身份制度,即执法人员在执行公务时,必须持执法身份证件表明自己的公务人员身份。公务员既是公民个人,又是国家公务员。当其以公民个人身份进行活动时,行为性质为个人行为,其他社会主体没有服从的义务,其后果由个人承担;当其以公务员身份实施公务行为时,行为性质为公务行为,其他社会主体负有服从的义务,其后果由国家承担,直接的后果由其所在机关承担。《行政处罚法》第34条规定,执法人员当场作出行政处罚决定的,应当向当事人出示执法身份证件,填写预定格式、编有号码的行政处罚决定书。行政处罚决定书应当当场交付当事人。《治安管理处罚法》第82条规定,需要传唤违反治安管理行为人接受调查的,经公安机关办案部门负责人批准,使用传唤证传唤。对现场发现的违反治安管理行为人,人民警察经出示工作证件,可以口头传唤,但应当在询问笔录中注明。

3. 事前告知制度

事前告知制度,即行政机关在对当事人作出不利决定前,为满足当事人的知情权,必须告知当事人将要作出的决定的事实、理由和根据。《行政处罚法》第41条规定，行政机关及其执法人员在作出行政处罚决定之前，不依照本法第31条、第32条的规定向当事人告知给予行政处罚的事实、理由和依据，或者拒绝听取当事人的陈述、申辩，行政处罚决定不能成立；当事人放弃陈述或者申辩权利的除外。《行政许可法》第36条规定，行政机关对行政许可申请进行审查时，发现行政许可事项直接关系他人重大利益的，应当告知该利害关系人。申请人、利害关系人有权进行陈述和申辩。行政机关应当听取申请人、利害关系人的意见。

◎ 集宁市天马酒业有限公司诉国家工商行政管理总局商标评审委员会案

> 商标评审委员会应第三人的申请，撤销了天马公司的商标。评审委员会未告知天马公司商标评审案件的评审人员。根据《商标评审规则》第32条规定，商标评审人员确定后，商标评审委员会应当及时以书面形式告知当事人。

一般情况下，行政机关应当采用书面方式，并送达当事人本人。法律如果有规定，依法律规定。在简易程序下，可以采用口头方式送达。

🎯 A 缫丝厂诉工商局年检案

> 某工商局在该局办证大厅发布公告,责令原告 A 缫丝厂等 268 家企业在期限内办理年检。两个月后,由于原告等企业仍未申报年检,被告决定立案查处,并在办证大厅公告栏内张贴"听证告知公告"。同年 12 月,被告作出吊销原告营业执照的行政处罚,并再次以公告方式送达。

4. 听取陈述和申辩制度

行政机关在作出对当事人不利的决定之前,必须听取当事人的陈述和申辩。行政处罚法最先规定了当事人的陈述权和申辩权;相应地,该法也规定了行政机关在作出行政处罚决定前听取当事人陈述和申辩的义务。听取当事人陈述和申辩的意义在于,行政机关在作出决定时,既需要根据调查人员收集的证据材料,也需要根据作为利害关系人的当事人的陈述和申辩,才能防止偏听偏信、先入为主。

于某诉北京大学撤销博士学位决定案

于某是北京大学历史学系2008级博士研究生,2013年7月5日,她从北京大学毕业,并取得历史学博士学位。2013年1月,在读博期间,她将撰写的论文《1775年法国大众新闻业的"投石党运动"》(以下简称《运动》)向《国际新闻界》杂志社投稿。同年5月,临近博士学位论文答辩,她提交了答辩申请书及科研统计表,《运动》被她作为科研成果列入答辩申请书,注明"《国际新闻界》于2013年3月18日接收,待发"。

2013年7月23日,在于某拿到博士学位、毕业18天后,《国际新闻界》才刊登了《运动》一文。时隔一年多后的2014年8月17日,《国际新闻界》发布公告称,于某在《运动》中大段翻译原作者的论文,直接采用原作者引用的文献作为注释,其行为已构成严重抄袭。

随后,北京大学成立专家调查小组调查于某涉嫌抄袭一事。2015年1月9日,经北京大学学位评定委员会表决后,北京大学作出撤销于某博士学位的决定,称其在校期间发表的《运动》存在严重抄袭。于某不服,向法院起诉。

一审法院认为,学位条例及相关法律法规虽然未对撤销博士学位的程序作出明确规定，但撤销博士学位涉及相对人重大切身利益，是对取得博士学位人员获得的相应学术水平作出的否定，对相对人合法权益产生极其重大的影响。因此，北京大学在作出被诉撤销决定之前，应当遵循正当程序原则，充分听取于某的陈述和申辩，保障于某享有相应的权利。本案中，北京大学虽然在调查初期与于某进行过一次约谈，但此次约谈系调查程序。北京大学在作出撤销决定前未充分听取于某的陈述和申辩，因此，作出的撤销决定有违正当程序原则。被告北京大学认为，法律没有规定撤销之前必须听取陈述、申辩。一审法院作出判决，撤销北京大学作出的撤销于某博士学位的决定。

　　北京大学不服，提出上诉。北京市第一中级人民法院认为，正当程序原则的要义在于，在作出任何使他人遭受不利影响的行使权力的决定前，应当听取当事人的意见，正当程序原则是裁决争端的基本原则及最低的公正标准。本案中，北京大学作为法律、法规授权的组织，其在行使学位授予或撤销权时，亦应当遵守正当程序原则。即便相关法律、法规未对撤销学位的具体程序作出规定，其也应自觉采取适当的方式来践行上述原则，以保证其决定程序的公正性。

5. 说明理由制度

说明理由制度是指行政主体在作出影响相对人合法权益的行政行为时，必须向相对人说明作出该行政行为的事实理由、法律根据以及所考虑的政策、公益等因素，法律另有规定的除外。行政机关在制定行政法规、规章或发布其他规范性文件时，在条件允许的情形下，应在有关政府公报中说明相关立法的事实根据和法律根据。

说明理由是法律直接规定的，具有法定性，是行政主体的一项法定义务。说明理由制度附带于法律上已经成立的行政行为上，具有附属性。是否说明理由不影响行政行为的成立，但影响行政行为的生效。说明理由是行政主体对行政行为的依据进行法理上的论证和阐述，具有论理性。说理越充分，相对人越容易接受。行政主体说明的理由必须确定和清楚，具有明确性，避免相对人在理解上出现歧义。行政主体应当在作出行政行为的同时说明该行政行为的理由，这具有程序性，即说明理由的时间与作出行政行为的时间是同时进行的，事后说明理由就违反了法定程序。

需要说明的理由包括案件中有哪些证据、可采信的证据是什么、依据这些证据如何认定事实、违法行为的性质及程度、在处理时哪些是可考虑的因素、裁量决定的理由、决定依据的法律文件及条款项目。在当事人有异议时，需说明哪些异议不能成立,为什么不能成立。《行政许可法》第38条规定,申请人的申请符合法定条件、标准的,行政机关应当依法作出准予行政许可的书面决定。行政机关依法作出不予行政许可的书面决定的,应当说明理由,并告知申请人享有依法申请行政复议或者提起行政诉讼的权利。

6. 信息公开制度

《政府信息公开条例》经2007年1月17日国务院第165次常务会议通过,自2008年5月1日起施行。根据2019年4月3日中华人民共和国国务院令第711号修订。其第1条规定,为了保障公民、法人和其他组织依法获取政府信息,提高政府工作的透明度,建设法治政府,充分发挥政府信息对人民群众生产、生活和经济社会活动的服务作用,制定本条例。条例对政府信息公开制度作出了详细的规定。

在《政府信息公开条例》出台之前,《行政处罚法》和《行政许可法》中就有对公开制度的具体规定。比如《行政许可法》第5条第2款规定,有关行政许可的规定应当公布;未经公布的,不得作为实施行政许可的依据。行政许可的实施和结果,除涉及国家秘密、商业秘密或者个人隐私的外,应当公开。该法第30条规定,行政机关应当将法律、法规、规章规定的有关行政许可的事项、依据、条件、数量、程序、期限以及需要提交的全部材料的目录和申请书示范文本等在办公场所公示。

7. 回避制度

回避制度是指国家机关工作人员在行使职权的过程中，因其与所处理的事务有利害关系，为保证实体处理结果和程序进展的公正性，根据当事人的申请或工作人员的请求，有权机关依法终止其职务的行为并由他人代理的一种法律制度。回避可以分为任职回避、地域回避和公务回避。

在适用回避制度时，对"利害关系"的判断就显得尤为重要。在司法实践中，利害关系包括的情形主要有：(1) 办案人员是当事人或者当事人的代理人的近亲属。如果办案人员是该行政事务的当事人，就与行政事务有直接的利害关系，很有可能会作出有利于自己的行政行为。(2) 办案人员或其近亲属与该行政事务有法律上的利害关系。办案人员或其近亲属虽然不是该行政事务的当事人，但是与该事务有事实或法律上的联系，也可能直接影响该事务的公正处理。(3) 办案人员担任过原行政事务的证人、鉴定人。因为如果曾经担任过本行政事务的证人或者鉴定人，就会先入为主地对该行政事务形成了自己的看法，如果其再以办案人员的身份参与该行政事务，就会影响对行政事务的客观处理。(4) 办案人员与当事人有公开敌意或者亲密友谊。办案人员与当事人不存在亲属关系，但是可能在以往的社会生活中，与当事人有嫌隙或者关系亲密，这样也会影响行政事务的公正处理。（5）其他足以影响行政事务公正处理的利害关系。办案人员与当事人有其他关系的，并不是一定要回避，只有在这种关系足以影响到行政事务公正处理时，才需要回避。

《治安管理处罚法》第81条规定，人民警察在办理治安案件过程中，遇有下列情形之一的，应当回避；违反治安管理行为人、被侵害人或者其法定代理人也有权要求他们回避：（1）是本案当事人或者当事人的近亲属的；（2）本人或者其近亲属与本案有利害关系的；（3）与本案当事人有其他关系，可能影响案件公正处理的。人民警察的回避，由其所属的公安机关决定；公安机关负责人的回避，由上一级公安机关决定。

8. 权力分离制度

为了防止权力过于集中而滥用权力，必须将权力作出一定的分离，包括同一个国家机关内部的部门分离和不同机关之间的分离。《行政处罚法》第38条规定，调查终结，行政机关负责人应当对调查结果进行审查，根据不同情况，分别作出如下决定……对情节复杂或者重大违法行为给予较重的行政处罚，行政机关的负责人应当集体讨论决定。《税收征收管理法》第11条规定，税务机关负责征收、管理、稽查、行政复议的人员的职责应当明确,并相互分离、相互制约。《行政处罚法》第 46 条规定,作出罚款决定的行政机关应当与收缴罚款的机构分离。

9. 格式制度

国家机关在作出决定时必须符合法律规定的格式要求。《行政处罚法》第 39 条规定,行政机关依照本法第 38 条的规定给予行政处罚,应当制作行政处罚决定书。行政处罚决定书应当载明下列事项:(1)当事人的姓名或者名称、地址;(2)违反法律、法规或者规章的事实和证据;(3)行政处罚的种类和依据;(4)行政处罚的履行方式和期限;(5)不服行政处罚决定,申请行政复议或者提起行政诉讼的途径和期限;(6)作出行政处罚决定的行政机关名称和作出决定的日期。行政处罚决定书必须盖有作出行政处罚决定的行政机关的印章。

海南凯立公司诉中国证监会案

> 海南凯立公司向中国证监会上报了 A 股发行申请材料,中国证监会以办公厅的名义向海南省政府办公厅作出《关于退回海南凯立中部开发建设股份有限公司 A 股发行预选申报材料的函》,并抄送凯立公司。

根据《证券法》第 24 条规定，国务院证券监督管理机构或者国务院授权的部门应当自受理证券发行申请文件之日起 3 个月内，依照法定条件和法定程序作出予以核准或者不予核准的决定，发行人根据要求补充、修改发行申请文件的时间不计算在内；不予核准的，应当说明理由。而在本案中，中国证监会作出的公文形式是"函"而非"决定"。

10. 顺序制度

国家机关作出决定时，必须按照法律规定的顺序步骤。如果按照简易程序作出决定，其顺序是发现线索→出示执法身份证件→告知将要作出决定的事实和理由→听取当事人陈述和申辩→作出决定→备案；如果按照一般程序作出决定，其顺序是立案→调查→作出初步决定→告知当事人将要作出决定的事实和理由→听取当事人陈述和申辩→作出正式决定→送达决定书；如果按照听证程序作出决定，其顺序是立案→调查→初步决定→告知→听证→正式决定→送达决定书。

《行政强制法》第 18 条规定，行政机关实施行政强制措施应当遵守下列规定：(1) 实施前须向行政机关负责人报告并经批准；(2) 由两名以上行政执法人员实施；(3) 出示执法身份证件;(4)通知当事人到场;(5)当场告知当事人采取行政强制措施的理由、依据以及当事人依法享有的权利、救济途径;(6)听取当事人的陈述和申辩;(7)制作现场笔录;(8)现场笔录由当事人和行政执法人员签名或者盖章,当事人拒绝的,在笔录中予以注明;(9)当事人不到场的,邀请见证人到场,由见证人和行政执法人员在现场笔录上签名或者盖章;(10)法律、法规规定的其他程序。

刘某等诉平顶山煤矿技工学校案

> 原告刘某等因考试作弊被学校责令退学、注销学籍。按照劳动部《技工学校学生学籍管理规定》第28条,处分学生必须经过校务会议讨论,校长批准执行。被告事先公告开除学籍,而后才召开校务会议讨论,违反了法定程序。

11. 调查制度

国家机关在调查案件材料时,必须按照法律规定的调查人员人数、调查程序及调查方法的要求进行。《行政处罚法》第37条规定,行政机关在调查或者进行检查时,执法人员不得少于两人,并应当向当事人或者有关人员出示证件。当事人或者有关人员应当如实回答询问,并协助调查或者检查,不得阻挠。询问或者检查应当制作笔录。行政机关在收集证据时,可以采取抽样取证的方法;在证据可能灭失或者以后难以取得的情况下,经行政机关负责人批准,可以先行登记保存,并应当在7日内及时作出处理决定,在此期间,当事人或者有关人员不得销毁或者转移证据。

12. 听证制度

在《立法法》规定行政立法听证程序之前,听证主要适用于具体行政行为,尤其是侵益行政行为。听证制度是指有关国家机关在制定影响当事人合法权益的法规、规章、规范性文件、行政政策,以及作出决定之前,告知当事人拟作出的决定的主要内容、理由、主要依据,告知相对人有听证的权利,当事人据此向国家机关提供证据、发表意见,以及国家机关听取意见、接纳其证据的一系列法律规范所构成的基本程序制度。听证制度是国家机关通过听取利害关系人的意见,在充分考虑其权益的基础上,作出决定的制度。这一制度有利于确保国家权力的正确行使。

1996年的《行政处罚法》最早规定听证制度,该法于2009年、2017年修正,其第42条规定,行政机关作出责令停产停业、吊销许可证或者执照、较大数额罚款等行政处罚决定之前，应当告知当事人有要求举行听证的权利；当事人要求听证的，行政机关应当组织听证。当事人不承担行政机关组织听证的费用。《立法法》第67条规定，行政法规由国务院有关部门或者国务院法制机构具体负责起草，重要行政管理的法律、行政法规草案由国务院法制机构组织起草。行政法规在起草过程中，应当广泛听取有关机关、组织、人民代表大会代表和社会公众的意见。听取意见可以采取座谈会、论证会、听证会等多种形式。行政法规草案应当向社会公布，征求意见，但是经国务院决定不公布的除外。《行政许可法》在《行政处罚法》规定的听证制度的基础上进行了完善。该法第46条规定，法律、法规、规章规定实施行政许可应当听证的事项，或者行政机关认为需要听证的其他涉及公共利益的重大行政许可事项，行政机关应当向社会公告，并举行听证。第47条规定，行政许可直接涉及申请人与他人之间重大利益关系的，行政机关在作出行政许可决定前，应当告知申请人、利害关系人享有要求听证的权利；申请人、利害关系人在被告知听证权利之日起五日内提出听证申请的，行政机关应当在20日内组织听证。申请人、利害关系人不承担行政机关组织听证的费用。

13. 时限制度

国家机关必须在法律规定的时间期限内作出决定，否则构成逾期不作为。（1）受理时限。《行政许可法》第 32 条规定，行政机关对申请人提出的行政许可申请，应当根据下列情况分别作出处理……申请材料不齐全或者不符合法定形式的，应当当场或者在 5 日内一次告知申请人需要补正的全部内容，逾期不告知的，自收到申请材料之日起即为受理。（2）决定时限。《行政许可法》第 42 条规定，除可以当场作出行政许可决定的外，行政机关应当自受理行政许可申请之日起 20 日内作出行政许可决定。20 日内不能作出决定的，经本行政机关负责人批准，可以延长 10 日，并应当将延长期限的理由告知申请人。但是，法律、法规另有规定的，依照其规定。（3）送达时限。《行政许可法》第 44 条规定，行政机关作出准予行政许可的决定，应当自作出决定之日起 10 日内向申请人颁发、送达行政许可证件，或者加贴标签，加盖检验、检测、检疫印章。

第七讲 平等思维

平等是人类始终不懈追求的理想目标。争取平等是中国共产党的一面旗帜和奋斗目标，中国共产党自成立以来，在革命的不同历史阶段的宪法和法律文件中都明确规定了平等。在新中国成立以后的第一部宪法即1954年《宪法》中就明确规定了"中华人民共和国公民在法律上一律平等"，特别是现行宪法不仅明确规定了法律面前人人平等，更是将平等作为宪法的一项基本原则，指导宪法制度和宪法规范的设计。

一、平等与社会公平正义

平等实现的最重要表现是社会公平正义。而社会公平正义是社会主义制度的本质特征、社会主义制度追求的价值理念、社会主义制度的最大优越性，也是社会主义战胜资本主义的最强大武器。我国进入新时代以来，党中央特别注重实现社会公平正义。

关于实现社会公平正义，党的十九大报告多处进行了论述、提出要求：（1）加大全民普法力度，建设社会主义法治文化，树立宪法法律至上、法律面前人人平等的法治理念。（2）中国特色社会主义进入新时代，我国社会主要矛盾已经转化为人民日益增长的美好生活需要和不平衡不充分的发展之间的矛盾。（3）人民平等参与、平等发展权利得到充分保障。不断促进社会公平正义，形成有效的社会治理、良好的社会秩序，使人民获得感、幸福感、安全感更加充实、更有保障、更可持续。坚决打赢脱贫攻坚战。让贫困人口和贫困地区同全国一道进入全面小康社会是我们党的庄严承诺。（4）增进民生福祉是发展的根本目的。必须多谋民生之利、多解民生之忧，在发展中补齐民生短板、促进社会公平正义，在幼有所育、学有所教、劳有所得、病有所医、老有所养、住有所居、弱有所扶上不断取得新进展，深入开展脱贫攻坚，保证全体人民在共建共享发展中有更多获得感，不断促进人的全面发展、全体人民共同富裕。（5）毫不动摇巩固和发展公有制经济，毫不动摇鼓励、支持、引导非公有制经济发展，使市场在资源配置中起决定性作用。（6）全面实施市场准入负面清单制度，清理废除妨碍统一市场和公平竞争的各种规定和做法，支持民营企业发展,激发各类市场主体活力。

党的十九届四中全会决定着眼于实现国家治理体系和治理能力现代化。作为社会主义国家的中国,国家治理现代化的一项重要目标就是实现社会公平正义。因此,该决定对如何实现社会公平正义,作出了深刻的阐述:(1)作为社会主义制度的13项显著优势中,与实现社会公平正义直接相关联的就包括三项:坚持全面依法治国,建设社会主义法治国家,切实保障社会公平正义和人民权利的显著优势;坚持各民族一律平等,铸牢中华民族共同体意识,实现共同团结奋斗、共同繁荣发展的显著优势;坚持以人民为中心的发展思想,不断保障和改善民生、增进人民福祉,走共同富裕道路的显著优势。(2)健全社会公平正义法治保障制度。(3)毫不动摇巩固和发展公有制经济,毫不动摇鼓励、支持、引导非公有制经济发展。营造各种所有制主体依法平等使用资源要素、公开公平公正参与竞争、同等受到法律保护的市场环境。建设高标准市场体系,完善公平竞争制度。健全以公平为原则的产权保护制度。促进内外资企业公平竞争。(4)增进人民福祉、促进人的全面发展是我们党立党为公、执政为民的本质要求。创新公共服务提供方式,鼓励支持社会力量兴办公益事业,满足人民多层次多样化需求,使改革发展成果更多更公平惠及全体人民。(5) 坚持和完善共建共治共享的社会治理制度。建设人人有责、人人尽责、人人享有的社会治理共同体，确保人民安居乐业、社会安定有序，建设更高水平的平安中国。

二、平等与平等权

(一) 我国宪法和法律关于平等的规定

我国现行宪法在前三部宪法关于平等规定的基础上，作出了更为具体和明确的规定。

首先，宪法对平等作出了一般性的规定。《宪法》第33条第2款规定，中华人民共和国公民在法律面前一律平等；第3款规定，任何公民享有宪法和法律规定的权利，同时必须履行宪法和法律规定的义务。《宪法》第5条规定，任何组织或者个人都不得有超越宪法和法律的特权。

其次，宪法对平等在特定领域作出了比较具体的规定。主要为三个方面：(1) 民族平等。《宪法》序言规定，中华人民共和国是全国各族人民共同缔造的统一的多民族国家。平等团结互助和谐的社会主义民族关系已经确立，并将继续加强。在维护民族团结的斗争中，要反对大民族主义，主要是大汉族主义，也要反对地方民族主义。国家尽一切努力，促进全国各民族的共同繁荣。第4条规定，中华人民共和国各民族一律平等。国家保障各少数民族的合法的权利和利益,维护和发展各民族的平等团结互助和谐关系。禁止对任何民族的歧视和压迫,禁止破坏民族团结和制造民族分裂的行为。(2)男女平等。《宪法》第48条规定,中华人民共和国妇女在政治的、经济的、文化的、社会的和家庭的生活等各方面享有同男子平等的权利。国家保护妇女的权利和利益,实行男女同工同酬,培养和选拔妇女干部。(3)选举权和被选举权平等。《宪法》第34条规定,中华人民共和国年满十八周岁的公民,不分民族、种族、性别、职业、家庭出身、宗教信仰、教育程度、财产状况、居住期限,都有选举权和被选举权;但是依照法律被剥夺政治权利的人除外。

宪法的其他条款虽然未明确使用"平等",都仍然体现了平等的精神。例如,《宪法》第33条规定,凡具有中华人民共和国国籍的人都是中华人民共和国公民。第36条规定,中华人民共和国公民有宗教信仰自由。任何国家机关、社会团体和个人不得强制公民信仰宗教或者不信仰宗教,不得歧视信仰宗教的公民和不信仰宗教的公民。第38条规定,中华人民共和国公民的人格尊严不受侵犯。禁止用任何方法对公民进行侮辱、诽谤和诬告陷害。第41条规定,中华人民共和国公民对于任何国家机关和国家工作人员,有提出批评和建议的权利；对于任何国家机关和国家工作人员的违法失职行为，有向有关国家机关提出申诉、控告或者检举的权利，但是不得捏造或者歪曲事实进行诬告陷害。第49条规定，夫妻双方有实行计划生育的义务。第51条规定，中华人民共和国公民在行使自由和权利的时候，不得损害国家的、社会的、集体的利益和其他公民的合法的自由和权利。

我国在法律层面对平等作出了更多的明确规定。

《劳动法》第3条规定，劳动者享有平等就业和选择职业的权利、取得劳动报酬的权利、休息休假的权利、获得劳动安全卫生保护的权利、接受职业技能培训的权利、享受社会保险和福利的权利、提请劳动争议处理的权利以及法律规定的其他劳动权利。第12条规定，劳动者就业，不因民族、种族、性别、宗教信仰不同而受歧视。第13条规定，妇女享有与男子平等的就业权利。在录用职工时，除国家规定的不适合妇女的工种或者岗位外，不得以性别为由拒绝录用妇女或者提高对妇女的录用标准。

《人民法院组织法》第5条规定，人民法院审判案件在适用法律上一律平等，不允许任何组织和个人有超越法律的特权，禁止任何形式的歧视。《人民检察院组织法》第8条规定，人民检察院行使检察权在适用法律上一律平等，不允许有任何组织和个人有超越法律的特权，禁止任何形式的歧视。《刑事诉讼法》第 6 条规定，人民法院、人民检察院和公安机关进行刑事诉讼，必须依靠群众，必须以事实为根据，以法律为准绳。对于一切公民，在适用法律上一律平等，在法律面前，不允许有任何特权。《民事诉讼法》第 8 条规定，民事诉讼当事人有平等的诉讼权利。人民法院审理民事案件，应当保障和便利当事人行使诉讼权利，对当事人在适用法律上一律平等。《行政诉讼法》第 8 条规定，当事人在行政诉讼中的法律地位平等。

《民族区域自治法》第 9 条规定，上级国家机关和民族自治地方的自治机关维护和发展各民族的平等、团结、互助的社会主义民族关系。禁止对任何民族的歧视和压迫，禁止破坏民族团结和制造民族分裂的行为。第 48 条规定，民族自治地方的自治机关保障本地方内各民族都享有平等权利。

《妇女权益保障法》第 1 条规定，为了保障妇女的合法权益，促进男女平等，充分发挥妇女在社会主义现代化建设中的作用，根据宪法和我国的实际情况，制定本法。第 2 条规定，妇女在政治的、经济的、文化的、社会的和家庭的生活等各方面享有同男子平等的权利。实行男女平等是国家的基本国策。国家采取必要措施，逐步完善保障妇女权益的各项制度，消除对妇女一切形式的歧视。第9条规定，国家保障妇女享有与男子平等的政治权利。第11条规定，妇女享有与男子平等的选举权和被选举权。第15条规定，国家保障妇女享有与男子平等的文化教育权利。第16条规定，学校和有关部门应当执行国家有关规定，保障妇女在入学、升学、毕业分配、授予学位、派出留学等方面享有与男子平等的权利。学校在录取学生时，除特殊专业外，不得以性别为由拒绝录取女性或者提高对女性的录取标准。第22条规定，国家保障妇女享有与男子平等的劳动权利和社会保障权利。第23条规定，各单位在录用职工时，除不适合妇女的工种或者岗位外，不得以性别为由拒绝录用妇女或者提高对妇女的录用标准。第24条规定，实行男女同工同酬。妇女在享受福利待遇方面享有与男子平等的权利。第25条规定，在晋职、晋级、评定专业技术职务等方面，应当坚持男女平等的原则，不得歧视妇女。第30条规定，国家保障妇女享有与男子平等的财产权利。第32条规定，妇女在农村土地承包经营、集体经济组织收益分配、土地征收或者征用补偿费使用以及宅基地使用等方面，享有与男子平等的权利。第33条规定，任何组织和个人不得以妇女未婚、结婚、离婚、丧偶等为由，侵害妇女在农村集体经济组织中的各项权益。因结婚男方到女方住所落户的,男方和子女享有与所在地农村集体经济组织成员平等的权益。第34条规定,妇女享有的与男子平等的财产继承权受法律保护。在同一顺序法定继承人中,不得歧视妇女。第36条规定,国家保障妇女享有与男子平等的人身权利。第43条规定,国家保障妇女享有与男子平等的婚姻家庭权利。第49条规定,父母双方对未成年子女享有平等的监护权。

《民法典》第4条规定,民事主体在民事活动中的法律地位一律平等。第14条规定,自然人的民事权利能力一律平等。第206条规定,国家实行社会主义市场经济,保障一切市场主体的平等法律地位和发展权利。第207条规定,国家、集体、私人的物权和其他权利人的物权受法律平等保护,任何组织或者个人不得侵犯。第1041条规定,实行婚姻自由、一夫一妻、男女平等的婚姻制度。第1043条规定,夫妻应当互相忠实,互相尊重,互相关爱;家庭成员应当敬老爱幼,互相帮助,维护平等、和睦、文明的婚姻家庭关系。第1055条规定,夫妻在婚姻家庭中地位平等。第1126条规定,继承权男女平等。

(二)平等的内涵与平等权的特点

人们通常将平等的内涵理解为,同样情况同样对待,不同情况不同对待;对任何人同等地保护、同等地惩罚。

平等在两个以上主体之间相互关系的前提下，才能体现出其具体内涵。实际上，平等是一个多样化的概念，依据不同的标准，可以作出不同的分类。

第一，作为原则的平等和作为权利的平等。平等作为一项宪法和法律原则，要求在宪法制度、宪法规范和法律制度、法律规范设计上，必须贯彻平等的理念、原理和精神。因此，任何制度和规范对任何人都必须平等对待，不得歧视或者予以特权；同时，对所有国家权力及国家机关形成约束，也对其他社会主体形成约束。立法机关、行政机关、监察机关、审判机关和检察机关在行使各自的国家权力时，对任何人都必须平等对待；其他社会主体在处理社会关系时，也必须平等对待。平等作为一项宪法和法律权利，表现为一项请求权。平等作为一项宪法权利，公民有权向国家和国家机关提出平等对待的要求。平等作为一项法律权利，个人、法人或者其他组织有权向其他社会主体提出平等对待的要求。

平等权与其他权利相比较，并不是一项独立的权利，而是一项概括性权利，即其是一项附随于其他权利的权利，公民的任何一项权利中均包含着平等权。

第二，立法上的平等和适用上的平等。所谓立法上的平等，是指立法机关在创设法律制度和法律规范时，以平等原则为指导，对任何人进行平等对待。换言之，宪法上的平等原则约束立法机关，立法机关在立法内容上体现平等理念、原则和精神。所谓适用上的平等，是指即使立法作出了差别对待的规定，监察机关、司法机关和行政机关也必须严格按照立法上的规定进行适用。我国1954年《宪法》关于平等一般规定采用了"中华人民共和国公民在法律上一律平等"的表述。而我国现行宪法则采用了"中华人民共和国公民在法律面前一律平等"的表述。

在我国现行宪法修改过程中，法学界围绕着人人平等是仅指适用上的平等还是包括立法上的平等这一重大问题进行争议。因为这一争议并未有结论，所以现行宪法采用了现有的比较模糊的表述。1982年现行宪法颁行以来，这一争议逐渐明朗化：（1）宪法规范和调整的对象主要是国家与公民之间的关系，公民是宪法上与国家相对应的重要主体。而"公民"这一身份，在宪法上意味着平等。（2）如果在立法上不平等，仅仅在适用上平等，则不可能从根本上达到真正意义上的平等。（3）如果在立法上可以针对不同的公民作出不平等的规定，则实际上意味着宪法上的平等对立法机关不产生约束力。目前的通说认为，平等既包括立法内容上的平等，也包括法律适用上的平等。

第三，形式平等、绝对平等和实质平等。所谓形式平等，是指为了保护自由竞争，任何人在机会上的平等。形式平等的基本内涵是承认差异下的机会平等或机会均等。形式平等意味着保障任何人在竞争起点上的平等，其基本前提是保证任何人在人格上和身份上的平等。因任何人在人格上和身份上的平等性，决定了不能根据身份上的差别而作出限制。形式平等是反封建的产物，在历史上是巨大进步。自由竞争要求竞争者不得有人身依附关系，必须在身份上是独立、平等的。形式平等同时承认任何人在个体上的差异及分配结果上的差异。

所谓绝对平等，是指任何人无论在个体条件及能力上存在多大的差异，在分配结果上是完全相同的。这种平等又称为结果的平均主义。

所谓实质平等，是指在形式平等的基础上，国家通过财富的二次分配对弱势群体进行照顾，或者提供均等化的公共产品和公共服务水平，以缩小社会的贫富差距。形式平等主要意味着机会平等，即在竞争起点上的平等，但因社会成员个体之间在能力上的差异，而必然会形成分配结果上的差别，而且这种差别会呈现越来越大的趋势。为了维护社会的稳定和社会共同体的利益，国家必须通过努力而缩小这种贫富之间的差距。

以跑步比赛为例，形式平等的要求是任何人如果愿意都有资格同时起跑（机会均等），而不能规定有人有资格跑、有人没有资格跑，或者有人可以先跑、有人必须后跑，但同时必须承认和保护每一个人最终的跑步结果。绝对平等的要求是，无论跑不跑、跑得快还是跑得慢，其最终的分配结果都是相同的。实质平等要求在形式平等的基础上，对于跑得慢的人，政府给予一定的帮助，缩短慢与快之间的距离。

在目前的社会发展阶段，所能够实行的平等观只能是以形式平等为主、以实质平等为辅，而不具备实现绝对平等的客观条件。

我们常常听到有人发出这样的感慨：人与人之间怎么可能是平等的呢？的确如此。人与人之间由于出生、家庭背景、财产状况、受教育程度、个人努力程度等因素，必然地存在一定的差异，而目前只能实行以形式平等为主的平等观，而这一平等观是以承认社会成员先天的差异及后天的努力程度为前提的。因此，人与人之间在本质上是不平等的。

我们也常常听到有人发出这样的感慨：人与人之间怎么可能不是平等的呢？的确如此。人与人之间无论存在多大的差异，近代以来，应当实现人格平等、身份平等和机会平等。这一意义上，人与人之间又是平等的。

但是，在形式平等之下，即使人与人之间在机会上实现了平等，表面上，机会对于每一个人是公平的，而实际上，"机会总是留给有准备的人的"。而所谓有准备的人，实质上，机会总是留给有能力的人的。有能力的人总是有机会或者有更好的机会，没有能力的人总是没有机会或者只能是不太好的机会。长此以往，社会必然呈现贫富巨大的差距，形成两极分化的结构，也必然对社会秩序的维持带来巨大的压力。

因此，以形式平等为主、以实质平等为辅是现阶段只能采用的平等观。这一平等观的基本要求是：（1）保证每一个人在机会上平等，不能因为身份、地位、家庭背景等因素，而在竞争机会上存在差异；平等享有权利、平等履行义务，平等保护、平等处罚。（2）国家普遍地提供公共产品和公共服务、社会保障，在贫富差距可能危及社会稳定时，国家对高收入者高额征税，并为穷人提供社会救济，保障其基本的生存权，缩小贫富差距。

以形式平等为主、以实质平等为辅的平等观，只能在社会主义制度的条件下真正实现。《宪法》序言和第1条关于坚持中国共产党领导的规定，第6条关于中华人民共和国的社会主义经济制度的基础是生产资料的社会主义公有制和实行各尽所能、按劳分配的原则的规定，都是社会主义制度下实现社会公平正义的根本保障。

三、平等与差别对待

在形式平等下，基于某些特殊情况，可能存在差别对待。差别对待可以分为两类：合理的差别对待与不合理的差别对待。合理的差别对待与平等是相融的，并不违反平等，只有不合理的差别对待才构成特权或者歧视，违反平等。

（一）我国宪法上关于差别对待的规定

我国宪法在明确规定平等及在平等思维指导下设计宪法制度和宪法规范的同时，也作出了一些差别对待的规定。

《宪法》第 4 条规定，中华人民共和国各民族一律平等。国家保障各少数民族的合法的权利和利益，维护和发展各民族的平等团结互助和谐关系。禁止对任何民族的歧视和压迫，禁止破坏民族团结和制造民族分裂的行为。国家根据各少数民族的特点和需要，帮助各少数民族地区加速经济和文化的发展。

《宪法》第 31 条规定，国家在必要时得设立特别行政区。在特别行政区内实行的制度按照具体情况由全国人民代表大会以法律规定。

《宪法》第 34 条规定，中华人民共和国年满十八周岁的公民，不分民族、种族、性别、职业、家庭出身、宗教信仰、教育程度、财产状况、居住期限，都有选举权和被选举权；但是依照法律被剥夺政治权利的人除外。

《宪法》第 65 条规定，全国人民代表大会常务委员会组成人员中，应当有适当名额的少数民族代表。全国人民代表大会常务委员会的组成人员不得担任国家行政机关、监察机关、审判机关和检察机关的职务。

《宪法》第 66 条规定，委员长、副委员长连续任职不得超过两届。

《宪法》第 74 条规定，全国人民代表大会代表，非经全国人民代表大会会议主席团许可，在全国人民代表大会闭会期间非经全国人民代表大会常务委员会许可，不受逮捕或者刑事审判。

《宪法》第 75 条规定，全国人民代表大会代表在全国人民代表大会各种会议上的发言和表决，不受法律追究。

《宪法》第 79 条规定，有选举权和被选举权的年满四十五周岁的中华人民共和国公民可以被选为中华人民共和国主席、副主席。

《宪法》第 87 条规定，总理、副总理、国务委员连续任职不得超过两届。

《宪法》第 103 条规定，县级以上的地方各级人民代表大会常务委员会的组成人员不得担任国家行政机关、监察机关、审判机关和检察机关的职务。

《宪法》第113条规定，自治区、自治州、自治县的人民代表大会中，除实行区域自治的民族的代表外，其他居住在本行政区域内的民族也应当有适当名额的代表。自治区、自治州、自治县的人民代表大会常务委员会中应当有实行区域自治的民族的公民担任主任或者副主任。

《宪法》第114条规定，自治区主席、自治州州长、自治县县长由实行区域自治的民族的公民担任。

《宪法》第115条规定，自治区、自治州、自治县的自治机关行使宪法第三章第五节规定的地方国家机关的职权，同时依照宪法、民族区域自治法和其他法律规定的权限行使自治权，根据本地方实际情况贯彻执行国家的法律、政策。

《宪法》第124条规定，国家监察委员会主任连续任职不得超过两届。

《宪法》第129条规定，最高人民法院院长每届任期同全国人民代表大会每届任期相同，连续任职不得超过两届。

《宪法》第135条规定，最高人民检察院检察长每届任期同全国人民代表大会每届任期相同，连续任职不得超过两届。

(二）合理差别与不合理差别的判断标准

允许合理的差别与禁止不合理的差别是形式平等下的两个互为联系的方面。差别对待是否具有合理性，一般而言，其判断的标准包括根据的合理性和限度的合理性。

(1) 差别对待的"根据"的合理性。在法律、制度、政策中作出限制性或者照顾性差别对待时，其首先必须具有合理根据。换言之，首先必须回答"为什么要作出限制"或者"为什么要进行照顾"。实践中的情形千差万别，难以穷尽。例如，民族、种族、性别、职业、家庭出身、宗教信仰、受教育程度、财产状况等，均可能成为作出差别对待的事由。这些事由是否构成合理根据，需要在个案中进行确定。

例如，宪法关于人大代表的人身特别保护权的规定。《宪法》第37条规定，任何公民，非经人民检察院批准或者决定或者人民法院决定，并由公安机关执行，不受逮捕。禁止非法拘禁和以其他方法非法剥夺或者限制公民的人身自由，禁止非法搜查公民的身体。而在宪法这一规定的基础上，对人大代表的人身自由作出了特别保护性规定：全国人大代表非经全国人大会议主席团许可，在全国人大闭会期间非经全国人大常委会许可，不受逮捕或者刑事审判。

对人大代表的人身自由作出比公民更为严格的程序保护，其根据在于，人大的重要职责是监督其他国家机关，包括行政机关、监察机关、人民检察院、人民法院及公安机关，为了保证人大代表真正履行监督职责，必须有特殊程序保护规定。因此，其根据是合理的。

又如，宪法规定，公民有言论自由，但同时规定公民在行使自由和权利的时候，不得损害国家的、社会的、集体的利益和其他公民的合法的自由和权利。可见，公民的言论自由并不是绝对的。宪法同时规定，全国人大代表在全国人大各种会议上的发言和表决，不受法律追究。对人大代表发表言论的这一特殊保护的根据在于，作为民意代表的人大代表，其职责是充分反映民意、表达民意，并代表人民制定法律、作出重大决定；倘若人大代表发表言论要受到限制，势必畏首畏尾，难以履行好人大代表的职责。

(2) 差别对待的"限度"的合理性。法律、制度、政策在作出差别规定时，有时会作出限度的规定。限度是否合理也会影响差别规定的合理性。例如，在作出限制性规定时限制的限度，或者在作出照顾性规定时照顾的限度，都会影响差别规定的合理性。如果限度不合理，则差别规定就是不合理的，构成歧视或者特权。

我国1953年第一部选举法规定，全国人大代表所代表的人口数城乡之间比例为8∶1，即农村代表所代表的人口数八倍于城市代表，对于省级、县级人大代表所代表的人口数未作出明确规定；1979年选举法规定，自治州、县、自治县人大中农村每一代表所代表的人口数四倍于城市每一代表所代表的人口数，省、自治区人大的这一比例为5∶1，全国人大的为8∶1；1995年修改选举法规定，全国人大、省级人大、市级人大、县级人大农村代表所代表的人口数一律四倍于城市代表所代表的人口数；2010年修改选举法规定，实行城乡按相同人口比例选举人大代表。农村代表与城市代表所代表的人口数比例从8∶1到4∶1，再到1∶1完全相同比例，判断这一差别比例限度的演变是否具有合理性，需要根据改革开放过程中，我国城乡之间人口数构成的演变发展情况来判断。从选举权平等性出发，要求一人一票、每票同值，但我国属于农业大国，农村人口始终占据着人口的绝大多数，为了保证人大代表构成中城市工人阶级的代表占据大多数，以保证工人阶级的领导地位，选举法伴随着我国城乡人口结构的变化，在所代表的人口比例上作出相应的变化，直至达到相同比例，应当说在合理的限度之内。

陕西神木市发放消费代金券争议

> 为应对新冠肺炎疫情影响，帮扶企业共渡难关，神木市发放近亿元"惠民生、促发展"消费代金券，释放居民消费潜力，推动服务业全面复苏。发放、使用期为2020年4月20日至7月20日。该消费代金券分为惠民消费代金券、专项消费代金券及企业类消费代金券三类，在符合规定的餐饮、住宿及文化旅游三大行业内各自意向合作商户中使用。
>
> 其中，惠民消费代金券200元/人，资金由市财政负责筹集，免费发放给参加神木市合作医疗的居民（严重失信人员限制领取）；专项消费代金券1 000元/人，从年度绩效考核奖中列支，发放给党政机关、事业单位工作人员；企业类消费代金券200～500元/人，规模以上工业企业和金融类企业根据实际情况确定具体金额与发放形式，发放给本企业员工。

陕西神木市发放消费代金券存在的主要问题是：(1) 针对不同群体发放消费代金券的依据是什么？如果都是公共财政支出，为什么要区分群体？如果普通居民部分由公共财政支出，党政机关、事业单位工作人员部分由个人支出，企业部分由企业支出，神木市无权决定个人支出部分和企业支出部分。（2）如果全部为公共财政支出，那么，普通居民、党政机关和事业单位工作人员及企业员工的发放数额差异的根据是什么？即为什么普通居民为200元、党政机关和事业单位工作人员为1 000元、企业员工为200~500元？（3）严重失信人员限制领取的根据是什么？目前，对严重失信人员的处理是，如果被纳入严重失信人员名单，则不得进行高消费。而消费代金券的消费是否属于高消费？依照平等思维，陕西神木市针对不同群体发放消费代金券的根据是不合理的，针对不同群体发放不同数额的消费代金券是不合理的，不给予严重失信人员发放消费代金券是缺乏根据的。

◎ "河南人"应聘遭拒

> 小闫是河南人，大学专业是法学。2019年7月3日，在一家求职网站上看到，浙江喜来登度假村有限公司在招人，遂投递了简历，应聘该公司的"法务"和"董事长助理"两个职位。7月4日，小闫收到了该公司回复，不适合原因一栏只写了"河南人"三个字。小闫不服，向杭州互联网法院提起诉讼。

2019年11月26日上午，杭州互联网法院公开开庭审理此案。法院审理认为，被告浙江喜来登度假村有限公司存在就业歧视的行为，侵害了原告平等就业机会，当庭宣判被告浙江喜来登度假村有限公司向小闫赔偿精神抚慰金9 000元及合理维权费用损失共计10 000元；向小闫口头道歉并在《法制日报》公开登报赔礼道歉。

被告不服，向杭州市中级人民法院提起上诉。杭州市中级人民法院经审理认为，平等就业权作为法律赋予劳动者的一项基本权利，是法律面前人人平等原则在劳动就业领域的具体体现，其实质为劳动者可以自主选择用人单位并平等获得就业机会和相应待遇，不因民族、种族、性别、宗教信仰等因素而受到差别对待。用人单位如无正当理由，基于劳动者的性别、户籍、外貌等与工作内在要求没有必然联系的先天形成的因素，而非学历、工作经验等与工作内在要求密切相关的后天获取的因素对劳动者进行差别对待的，应当认定构成就业歧视行为。

浙江喜来登度假村有限公司以"河南人"为由拒绝给予小闫就业机会的行为已经构成就业歧视，损害了小闫作为劳动者的人格尊严，原审判决据此认定该公司构成对小闫平等就业权的侵害，应属妥当。

总之，差别对待是否合理，判断的标准有两个：一是差别对待是否具有合理的根据；二是差别对待是否在合理的限度之内。如果差别对待同时具有合理根据和合理限度，该差别对待即是合理的，是平等所包容的，并不违反平等。否则，即属于不合理的差别对待，违反平等，或者构成特权，或者构成歧视。

实践中，某些国家机关制定的政策是否违反平等，已经引起了社会的普遍关注。例如，在公务员招聘时所设定的条件不具有合理根据和合理限度，性别、身高、户籍、生理状况、疾病类型、学历等是其中的焦点。又如，在招生、招聘中的各种加分项目，是否具有合理根据和合理限度，也是社会关注的热点。

图书在版编目（CIP）数据

新时代党员干部的法治思维：增补版/胡锦光著
. --2 版. --北京：中国人民大学出版社，2021.1
ISBN 978-7-300-28762-1

Ⅰ. ①新… Ⅱ. ①胡… Ⅲ. ①法制教育－干部教育－研究－中国 Ⅳ. ①D920.5

中国版本图书馆 CIP 数据核字（2020）第 224482 号

新时代党员干部的法治思维（增补版）
胡锦光　著
Xinshidai Dangyuan Ganbu de Fazhi Siwei

出版发行	中国人民大学出版社			
社　　址	北京中关村大街 31 号	邮政编码	100080	
电　　话	010－62511242（总编室）	010－62511770（质管部）		
	010－82501766（邮购部）	010－62514148（门市部）		
	010－62515195（发行公司）	010－62515275（盗版举报）		
网　　址	http://www.crup.com.cn			
经　　销	新华书店			
印　　刷	涿州市星河印刷有限公司	版　次	2018 年 5 月第 1 版	
规　　格	148 mm×210 mm　32 开本		2021 年 1 月增补版	
印　　张	11 插页 1	印　次	2021 年 1 月第 1 次印刷	
字　　数	175 000	定　价	58.00 元	

版权所有　侵权必究　印装差错　负责调换